BEI GRIN MACHT SI(
WISSEN BEZAHLT

- Wir veröffentlichen Ihre Hausarbeit,
  Bachelor- und Masterarbeit

- Ihr eigenes eBook und Buch -
  weltweit in allen wichtigen Shops

- Verdienen Sie an jedem Verkauf

Jetzt bei www.GRIN.com hochladen
und kostenlos publizieren

Kulturelle Heterogenität des Schulalltags. Vorbereitung und individuelle Einstellung der Lehramtsstudierenden

Salma Jamil

Bibliografische Information der Deutschen Nationalbibliothek:

Die Deutsche Nationalbibliothek verzeichnet diese Publikation in der Deutschen Nationalbibliografie; detaillierte bibliografische Daten sind im Internet über http://dnb.d-nb.de abrufbar.

ISBN: 9783346350565
Dieses Buch ist auch als E-Book erhältlich.

Druck und Bindung: Books on Demand GmbH, Norderstedt Germany
Gedruckt auf säurefreiem Papier aus verantwortungsvollen Quellen

Das vorliegende Werk wurde sorgfältig erarbeitet. Dennoch übernehmen Autoren und Verlag für die Richtigkeit von Angaben, Hinweisen, Links und Ratschlägen sowie eventuelle Druckfehler keine Haftung.

Das Buch bei GRIN: https://www.grin.com/document/988819

Universität zu Köln

Humanwissenschaftliche Fakultät

Department Erziehungs- und Sozialwissenschaften

Bachelorarbeit zum Thema:

Wie werden Lehramtsstudierende auf die kulturelle Heterogenität des Schulalltags vorbeireitet? Und welche Einstellung haben sie bezüglich kultureller Heterogenität?

Zur Erlangung des Grades Bachelor of Arts

Vorgelegt von: Salma Jamil

Inhaltsverzeichnis

Theoretischer Teil

Abkürzungsverzeichnis

Lehramt für Haupt, Real, Sekundar und Gesamtschule	LA HRSGe
Lehramt für Gymnasium und Gesamtschulen	LA GymGe
Universität zu Köln	UzK
beziehungsweise	bzw.

1. Einleitung

„Es gab so viele Gründe, die gegen eine gelungene Integration sprechen […] Wenn ich sage, wem ich meine Sozialisation zu verdanken habe, Stichwort „German Dream", Solidargemeinschaft, dann waren's die Lehrer, …" (NDR Radio & TV 2020, 20:18)

Die Menschenrechtsaktivistin, Journalistin und Autorin Düzen Tekkal erzählt in ihrem Interview in der NDR-Fernsehsendung „Das!", was sie mit Deutschland verbindet: Die Aussicht auf eine erfolgreiche Bildung und das trotz ihrer Herkunft, sozioökonomischen Lage oder Religion (vgl. ebd., 2020, 18:56). Düzen Tekkal stammt aus einer jesidisch-kurdischen Einwandererfamilie. Die Mutter lernte weder lesen noch schreiben und ihr Vater besuchte die Schule nur bis zur vierten Klasse. Neben diesen Umständen kam die prekäre finanzielle Lage der Familie hinzu. Dennoch schaut Frau Tekkal zurück und spricht den Dank ihren Lehrer/innen aus, weil diese sich ihrer angenommen hatten, ungeachtet Düzens kultureller, sozioökonomischer oder religiöser Herkunft (vgl. ebd., 20:18). Der Bildungserfolg von Frau Tekkal lässt an eine Chancengleichheit im deutschen Bildungssystem glauben. In Ihrem Buch *„#GermanDream – Wie wir ein besseres Deutschland schaffen"*, sind der erfolgreiche Bildungsweg von Frau Tekkal und vielen weiteren Menschen mit Migrationshintergrund nachzulesen.

Nicht erst seit gestern liegt der Umstand vor, dass Deutschland eine Einwanderungsgesellschaft ist und es auch in absehbarer Zeit bleiben wird. Dieser Umstand bringt mit sich, dass es in vielen Bereichen, wie der Bildung, zu Herausforderungen kommt (vgl. Rose, 2012, S.19). Die internationale Schulleistungsstudie PISA lieferte 2018 erneut den statistischen Beweis, dass das deutsche Bildungssystem von der Bildungsbenachteiligung migrationsanderer Schüler/innen[1] geprägt ist (vgl. OECD PISA 2018). Diese Bildungsbenachteiligung stellt ein gesellschaftliches Problem dar, da Bildung als „Schlüssel" in der modernen Gesellschaft fungiert und darüber hinaus die Nachfrage nach Hochschulabsolventen enorm gestiegen ist (vgl. Wilmes et al. 2011, S.30). Die Herausforderung für das deutsche Bildungssystem liegt darin, eine Chancengleichheit für die heterogenen Schüler/innen zu schaffen. Einen entscheidenden Beitrag übernehmen hierbei die angehenden

---

[1] Statt der Schreibweise Schülerinnen und Schüler oder Lehrerinnen und Lehrer wird in dieser Arbeit Lehrer/innen und Schüler/innen verwendet, um durch eine Abkürzung trotzdem eine gendergerechte Schreibweise zu gewährleisten.

Lehrer/innen, die zweifellos auf heterogene Schüler/innen treffen werden und somit stellt sich die Frage nach der Ausbildung von Lehrkräften. Was muss die universitäre Ausbildung von Lehrer/innen in Anbetracht der wachsenden Heterogenität der Schüler/innen leisten? Diese Arbeit rückt die kulturelle Heterogenität in den Fokus. Die Fragestellung dieser Arbeit lautet, wie werden Lehrer/innen in der Universität auf die kulturelle Heterogenität des Schulalltags vorbereitet? Welche Einstellung haben sie bezüglich kultureller Heterogenität? Um den Rahmen der Arbeit einzugrenzen, erfolgt eine Beschränkung auf den Teil der universitären Ausbildung an der UzK. Im Zentrum der Betrachtung steht das LA HRSGe. Um eine Vergleichsdimension zu schaffen, erfolgen Einblicke in das LA GymGe.

Die Arbeit setzt sich aus einem theoretischen und einem empirischen Teil zusammen. Nach der Einleitung werden die Begrifflichkeiten *kulturelle Heterogenität* und *Einstellung* definiert. Anschließend wird der historische Verlauf der politischen Rahmenbedingungen für die Beschulung von Schüler/innen mit Migrationshintergrund dargestellt sowie die aktuellen Beschlüsse des Landes, wie der KMK-Beschluss und die Standards für die Lehrerbildung, analysiert. Daraufhin wird die Umsetzung der Beschlüsse an der UzK anhand der Modulhandbücher für das Studium LA HRSGe und für das LA GymGe überprüft. Wichtig ist zudem, auf die letzten Ergebnisse der PISA Studie einzugehen, denn diese beleuchten die Bildungsbenachteiligung im deutschen Schulsystem. Im empirischen Teil wird ein Experteninterview mit zwei Studierenden der UzK durchgeführt. Das Ziel ist eine Beantwortung der Frage, wie sich die Studierenden von Seiten der Universität aus ausgebildet fühlen und welche Einstellung sie bezüglich kultureller Heterogenität besitzen. Die Ergebnisse des Experteninterviews werden analysiert und diskutiert. Abschließend wird die Arbeit reflektiert und die gesammelten Ergebnisse werden im Fazit festgehalten.

Die Aufmerksamkeit, die das Forschungsfeld *Migration und Bildung* erfährt, ist unter anderem den internationalen Schulleistungsstudien verdankt. Durch diese erhält die Thematik Bildungsbenachteiligung ihre Legitimation und rückt die Heterogenität verstärkt in den Fokus. Es wird immer mehr versucht, Verantwortung für die Schlechterstellung migrationsanderer Schüler/innen zu finden (vgl. Rose 2012, S.27). Arbeiten zum kritischen Auseinandersetzen mit dem deutschen Bildungssystem haben vor allem Marianne Krüger Potratz, Yasemin Karakasoglu, Aysun Dogmus und Paul Mecheril publiziert.

2. Begrifflichkeiten

2.1 Kulturelle Heterogenität

Der französische Soziologe Pierre Bourdieu beschäftigte sich bereits seiner Zeit mit der Ungleichheit der schulischen Leistungen von Schüler/innen aus verschiedenen sozialen Klassen und entwickelte die Annahme, dass der entscheidende Unterschied in der Ausstattung des kulturellen Kapitals einer Familie liegt (vgl. Bourdieu 1983, S.186). Laut Bourdieu besitzt jede Familie in unterschiedlichem Maße kulturelles,- bzw. bildungsförderliches Kapital (vgl. ebd. S.187). Das kulturelle Kapital einer Familie wird an die Kinder weitergegeben (vgl. ebd. S.188). Dabei wird zwischen drei verschiedenen Formen kulturellen Kapitals unterschieden: (1) das inkorporierte Kulturkapital, (2) das objektivierte Kulturkapital und schließlich (3) das institutionalisierte Kulturkapital (vgl. ebd., S.185). Diese Formen umfassen familiäre Erziehung, kulturelle Güter, wie Bücher, und Bildungsabschlüsse, wie Schul- oder Universitätsabschlüsse (vgl. ebd. S.187f.).

Ein weiterer Faktor kultureller Heterogenität bezieht sich auf den Migrationshintergrund der Schüler/innen oder deren Eltern. Laut der Definition des Bundesamts für Migration und Flüchtlinge besitzt jene Person einen Migrationshintergrund, die „selbst oder mindestens ein Elternteil nicht mit deutscher Staatsangehörigkeit geboren ist" (BAMF/ Statistisches Bundesamt Deutschland 2017 Bevölkerung und Erwerbstätigkeit). Aus einer Pressemitteilung des Landesbetriebes IT.NRW ging 2019 hervor, dass allein im Bundesland Nordrhein-Westfalen 90.000 Schüler/innen an den allgemeinbildenden und beruflichen Schulen eine Zuwanderungsgeschichte hatten (vgl. IT.NRW Statistik und Dienstleistungen).

Der Zusammenhang zwischen dem kulturellen Kapital und dem Migrationshintergrund wird in der Studie von Wilmes et al. 2011 belegt. In dieser wird bewiesen, dass der schulische Erfolg von Kindern in Deutschland in hohem Maß von dem Bildungsabschluss und der Schichtzugehörigkeit ihrer Eltern abhängt (Wilmes et al. 2011, S.30). Das heißt, dass Kinder mit einem Migrationshintergrund, die mit sozialen und ökonomischen Problemen zu kämpfen haben, selbst bei gleicher Intelligenz und Leistung keinen ähnlichen Bildungsabschluss wie Kinder ohne Migrationshintergrund haben, die aus gebildeten und oder Mittelschichtsfamilien stammen (vgl. Wilmes et al. 2011, S.30). Das Resultat ist eine Chancenungleichheit, in der bestimmter Bevölkerungstypen privilegiert und andere wiederum benachteiligt werden.

Die Bildungsbenachteiligung von Schüler/innen mit Migrationshintergrund steht konträr zu ihrer hohen Bildungsaspiration. Die Forschungsergebnisse von Wilmes et al. ergaben, dass wenn Schüler/innen mit Migrationshintergrund nach der vierten Klasse eine Wahlmöglichkeit für die weiterführende Schule erhalten, die Eltern sich immer für die höhere Schulform entscheiden (vgl. Wilmes et al. S.36).

Die Ursachen der Bildungsbenachteiligung liegt für Wilmes et al. darin, dass im deutschen Bildungssystem der familiäre Kontext einen entscheidenden Faktor für den Bildungsweg der Schüler/innen einnimmt. Hierzu zählt der Migrationshintergrund, der Bildungsabschluss der Eltern, die Unterstützung bei Hausaufgaben durch Eltern oder Geschwister und die Kommunikation zwischen Lehrern und Eltern (vgl. ebd., 2011, S.45). Das heißt Familien mit Migrationshintergrund oder sozialen und ökonomischen Problemen erfahren erschwerte Zugänge zur Bildung aufgrund migrationsbedingter sprachlicher Fähigkeiten, dem sozialen Status und fehlender fachlicher Beratung über die Möglichkeiten des deutschen Bildungssystems (vgl. McElvany et al. 2011, S.200).

2.2 Einstellung

In der aktuellen Forschung widmen sich immer mehr Arbeiten der Einstellung / Überzeugung von Lehramtsanwärter/innen oder Lehrenden zu Themen, die die Bildungslandschaft prägen: Inklusion, Mehrsprachigkeit, kultureller und sprachlicher Heterogenität (vgl. McElvany et al. 2011, Fischer/Ehmke 2019, Bosse/Spörer 2014). Baumert und Kunter stellen in Modellen zur Beschreibung professioneller Handlungskompetenz von Lehrkräften neben pädagogischem, fachlichem und fachdidaktischem Wissen auch die Einstellung als wichtigen Faktor heraus (vgl. Baumert & Kunter 2006, S.482). Ebenfalls stellen Hartinger, Kleickmann und Hawelka die Einstellung von Lehrkräften zum Unterricht und zu Schüler/innen als bedeutsam für die pädagogische Interaktion heraus (zitiert nach Bosse / Spörer 2014, S.280). Es wird davon ausgegangen, dass Menschen Einstellungen erwerben und diese nicht von Anfang an besitzen (vgl. Wänke /Bohner 2006, S.405). Für Lehrkräfte bedeutet dies, dass sie die nötige Einstellung für den Umgang mit kulturell heterogenen Schülergruppen, wenn nicht bereits vorhanden, noch erwerben könnten. Eine der meist verwendeten Definitionen von Einstellung ist die von Eagly und Chaiken aus dem Jahr 1993 (vgl. McElvany et al.2011, S.193 / vgl. Bosse /Spröder 2014, S.280). Die Definition besagt, dass Einstellung eine psychische Tendenz ist, die ihren Ausdruck zeigt, indem ein bestimmtes Objekt mit einem bestimmten Grad an Zuneigung oder Ablehnung bewertet wird (Eagly / Chaiken 1993, S.1, zitiert nach Landwehr 2017, S.49). Asendorpf und Neyer charakterisieren ebenfalls die Einstellung als eine individuelle

4

Bewertung von Objekten der Wahrnehmung oder Vorstellung in positiv oder negativ, hierzu geben sie das Beispiel der Einstellung zu politischen Parteien oder Automarken an (vgl. Asendorpf/Neyer 2012, S.36). Laut beiden Definitionen bestimmt die Einstellung die Qualität der Wahrnehmung in positiv oder negativ, in zugeneigt oder abgeneigt. Für den Unterricht oder den Umgang mit kulturell heterogenen Schüler/innen könnte davon ausgegangen werden, dass die zugeneigte Einstellung zu bestimmten Schülergruppen den Umgang erleichtert. Eagly und Chaiken gehen davon aus, dass Einstellungen weder temporär noch dauerhaft gelten, da sie eine Verhaltensdisposition darstellen (Eagly / Chaiken, 2005, S.745, zitiert nach Landwehr 2017, S. 49).

3. Von der Ausländerpädagogik zur Interkulturellen Bildung

3.1 Ausländerpädagogik

Die Beschulung von kulturell heterogenen Schülergruppen zeichnet in Deutschland eine langjährige Geschichte. Um die aktuellen bildungspolitischen Rahmenbedingungen nachvollziehen zu können, ist ein Blick in die Anfänge im Umgang mit kulturell heterogenen Schülergruppen vonnöten.

Als die in den 1970er Jahren gekommenen Arbeitsmigrant/innen ihre Familien nachholten, wurden erstmals die Mängel der fehlenden institutionellen und bildungspolitischen Voraussetzungen zur Beschulung ausländischer Kinder sichtbar (vgl. Auernheimer 2004, S.17/ vgl. Kiesel 2003). Da die Kinder der Arbeitsmigrant/innen der Schulpflicht unterlagen, lag eine veränderte Bildungslandschaft vor, die pädagogische Antworten verlangte. In diesem Zusammenhang wurden nicht nur curriculare Reformen gefordert, sondern auch die Professionalisierung des Lehrpersonals für die neue Bildungssituation (vgl. Kiesel 2003). Die Antwort auf die Beschulung ausländischer Schüler/innen wurde unter dem Begriff „Ausländerpädagogik" zusammengefasst. Da niemand in der Bundesrepublik an Einwanderung im klassischen Sinne glaubte, waren die bildungspolitischen Maßnahmen nicht langfristig angelegt (vgl. Auernheimer 2004, S.17). Dies spiegelte sich in den bildungspolitischen Entscheidungen wider, die eine zweigleisige Strategie verfolgten: Sowohl das Ziel der Erleichterung der „Integration" der ausländischen Schüler/innen in ihr neues soziales Umfeld wurde angestrebt, als auch das der Reintegration, durch die Wahrung des Anschlusses zu ihrer Heimatsprache- und Kultur (vgl. Kiesel 2003). Diese Zielsetzung unterstreicht die Absicht, dass die ausländischen Schüler/innen ihre sprachlich-kulturelle Identität bewahren sollten, um ihre Rückkehrfähigkeit zu garantieren (vgl. Kiesel 2003).

5

Der Rotationsgedanke war für die deutsche Seite und für die Herkunftsländer entscheidend (vgl. Krüger- Potratz 2011, vgl. S.43). Die „Rückkehrfähigkeit" wurde in der Handlungspraxis durch getrennten Unterricht in der Muttersprache („Herkunftssprachenunterricht") der Kinder realisiert, den ausländische Lehrkräfte außerhalb des Regelunterrichts führten (vgl. Ivanova 2020, S.37). Diese Art der Beschulung brachte eine mehr oder weniger starke Segregation mit sich. Für weitere Spaltungen innerhalb der Schule sorgten die sogenannten „Ausländerklassen"/ „Übergangsklassen", die das Ziel verfolgten, das sprachliche Niveau der ausländischen Kinder an das der deutschen Kinder anzugleichen. Dabei wurden jedoch die deutschen Schüler/innen weiterhin in den Regelklassen unterrichtet (vgl. Krüger- Potratz 2016, S. 17). Grundlegend ist, dass die vorhandenen sprachlichen Kenntnisse der ausländischen Schüler/innen abgewertet und als behindernd für eine Entwicklung sprachlicher Kompetenzen betrachtet wurden. Folglich kam es zur Stigmatisierung der ausländischen Schüler/innen als „normabweichend" (vgl. Ivanova 2020, S.36). Die beschriebenen Strategien zum Umgang mit heterogenen Schüler/innen zeigen sich in Form der Ausgrenzung, Abwehr, Assimilation und mit Einzel- oder gruppenbezogenen Sondermaßnahmen (vgl. Krüger-Potratz 2016, S.15).

Die Ausländerpädagogik betrachtete ihren Einsatz als einen Beitrag zur Reduzierung der angeblichen Konflikte zwischen Deutschen und Ausländer/innen (vgl. Kiesel 2003). Es folgten die ersten Auseinandersetzungen mit sozialpädagogischen Konzepten und sozialisationstheoretischen Erklärungsansätzen und Deutungsmustern, um die Sozialisationsbedingungen von ausländischen Kindern und Jugendlichen nachzuvollziehen (vgl. ebd.).

Ziel der Ausländerpädagogik war es zwar, die Eingliederung der Migrant/innen durch politische Maßnahmen zu erreichen, doch gleichzeitig wurden die Ausländer/innen auch als hilflos, infantil und der Sprache nicht mächtig charakterisiert, die von der Unterstützung der Mehrheitsgesellschaft und ihrer Institutionen abhängig sind (vgl. ebd.). Diese sogenannte „Defizitorientierung" zielte darauf ab, die sprachlich-kulturelle Andersheit der zugewanderten Schüler/innen durch kompensatorische Fördermaßnahmen aufzuheben, da diese als Defizit angesehen wurden (vgl. Kiesel 2003 /vgl. Ivanova 2020, S.36). Die sprachlich-kulturelle Andersheit der Migrant/innen stand im Kontrast zu „deutschen (Verhaltens-)Normen und Werten, die aus deutscher Sicht für Probleme auf Ebene der Kommunikation und Sozialisation sowie im Bereich der Bildung und persönlicher Entwicklung sorgten. Daraus folgten Vorwürfe gegenüber den Eltern mit Migrationshintergrund, sie würden ihre Kinder mangelhaft auf die Schule vorbereiten und unterstützen, sie besäßen traditionelle, „rückschrittliche" und autoritäre Erziehungsideale und seien nicht daran interessiert, sich neue kulturelle Muster anzueignen (vgl. Kiesel 2003). Derartige kulturdefizitorientierte Erklärungsansätze über natio-kulturelle Heterogenität sind auch aktuell noch Thema pädagogischer Diskussionen (vgl. Ivanova 2020, S.66). Viele Wissenschaftler/innen kennzeichnen die Defizitorientierung als wichtigstes Merkmal der Ausländerpädagogik (vgl. ebd. S.36).

Der Studiengang oder zumindest die Studienschwerpunkte im Bereich „Ausländerpädagogik" wurden an mehreren Fachhochschulen und Universitäten etabliert zur Ausbildung künftiger Sozial- bzw. Diplompädagog/innen (vgl. Kiesel 2003). Die Ausländerpädagogik richtete ihre Integrationshilfen allein auf Ausländer und erhielt somit die Legitimation als pädagogische Spezialdisziplin (vgl. ebd.). Aufgrund dessen wurde der Integrationsprozess als einseitiger Vorgang begriffen, bei dem die Ausländer/innen auf die Unterstützung der Mehrheitsgesellschaft angewiesen waren (vgl. ebd.).

3.2 Interkulturelle Bildung

Ab Mitte der 1990er ist ein Paradigmenwechsel zu erkennen. Die beschriebenen Defizitkonzepte der Ausländerpädagogik brachten hohe Kritik mit sich, worauf mit interkulturell-pädagogischen Ansätzen reagiert wurde (vgl. ebd.). Die Interkulturelle Bildung schafft eine klare Abgrenzung zu der in der Ausländerpädagogik herrschenden Defizitperspektive. Der anderskulturelle Hintergrund der Schüler/innen sollte nicht länger mangelnde Wertschätzung erleiden, sondern als Grundlage für die Konzeptualisierung der Interkulturellen Bildung dienen (vgl. Ivanova 2020, S.31). Daraus folgt, dass kulturelle Unterschiede der Schüler/innen nicht länger als Hindernis für die Schule und das gesellschaftliche Leben betrachtet werden. Kulturelle Differenzen werden als „gegeben" akzeptiert und als Ressource angesehen (vgl. Kiesel 2003). Die zugewanderten Kinder sollen nicht länger den Akkulturationserwartungen der Mehrheitsgesellschaft ausgesetzt werden, da es jedem von ihnen zusteht, in ihrer Individualität anerkannt und gefördert zu werden (vgl. ebd.). Als Ziel wird die Beibehaltung der kulturellen und ethnischen Identität jedes Einzelnen formuliert (vgl. ebd.).

Ganz anders als die einseitige Ausrichtung der Ausländerpädagogik, wendet sich die Interkulturelle Pädagogik gleichermaßen an deutsche wie ausländische Schüler/innen, aber auch an Erwachsene, Lernende und Lehrende (vgl. ebd.). Interkulturelle Bildung sieht ihren Beitrag darin, die durch Einwanderung pluralisierte Gesellschaft und die Vielfalt der Kulturen als Bereicherung zu begreifen und nicht als Belastung (vgl. Kiesel 2003). Sie geht von einem erweiterten Kulturbegriff aus sowie von der flexiblen Kultur- und

7

Sprachkapazität deutscher und ausländischer Kinder. Darüber hinaus wird eine sinnvolle Koordination von Muttersprach- und Zweitsprachenunterricht angestrebt (vgl. ebd.).

Einer der Hauptkritikpunkte, mit denen die Interkulturelle Bildung die Ausländerpädagogik anprangert, ist ihre assimilatorisch-kompensatorische Ausrichtung. Migrant/innen benötigen zwar den Zugang zu den kulturellen Mustern der Mehrheitsgesellschaft, um im sozialen System der Gesellschaft handlungsfähig zu werden, jedoch darf dabei die Herkunftskultur der Migrant/innen nicht außer Acht gelassen werden. In den ausländerpädagogischen Bildungskonzepten wurden die Kulturen der Migrant/innen nur Gegenstand pädagogischer Reflexion, wenn diese sich als Hindernis für den Integrationsprozess der Migrant/innen erwiesen (vgl. ebd.).

Die Interkulturelle Bildung macht es sich zum Ziel, die Bildungssituation auf einen flexiblen Umgang mit ihren unterschiedlichen Herausforderungen und kulturell, sprachlichen und ethnischen Schülergruppen vorzubereiten. Ein solcher Ansatz orientiert sich am Menschenrecht auf Bildung, eine flexible Bildungsplanung wie auch die stetige professionelle Aus- und Fortbildung des pädagogischen Personals für diese unterschiedlichen Anforderungen (vgl. Krüger-Potratz 2016, S.35).

Bei der Interkulturellen Bildung und Erziehung handelt es sich nicht um ein Unterrichtsfach gerichtet an Schüler/innen mit Migrationshintergrund, sondern um eine Schlüsselqualifikation, die jeden Einzelnen betrifft. Sie ist Teil allgemeiner Bildung, die auf die Veränderung von Deutungsmustern, Einstellungen und Haltungen zielt (vgl. ebd. S.31). Der Lernort sind alle Orte, an denen deutsche und ausländische Kinder aufeinandertreffen. Interkulturelle Bildung stellt eine Querschnittsaufgabe in allen erziehungswissenschaftlichen Teildisziplinen und pädagogischen Tätigkeitsfeldern dar (vgl. Krüger-Potratz 2011, S.30).

3.3 Interkulturelle Bildung an deutschen Hochschulen

Prof. Dr. H. Roth und Tim Wolfgarten unternahmen 2016 eine umfangreiche Recherche zu den Studienmöglichkeiten im Bereich der Interkulturellen Bildung an deutschen Hochschulen (vgl. Roth/Wolfgarten 2016, S.107). Den Autoren war es wichtig, hervorzuheben, welche Module und Themen den Studierenden konkret angeboten werden und ob das Lehrangebot Interkulturelle Bildung an deutschen Hochschulen „angekommen" ist. Nun werden einige wichtige Ergebnisse vorgestellt.

Interkulturelle Bildung lässt sich in verschiedene Studienmöglichkeiten einteilen, wie zum Beispiel als eigenständiger Studiengang, Studiengänge mit Profil, Angebote in Form von einzelnen Modulen und die Verankerung interkultureller Themen in der Lehramtsausbildung (vgl. ebd. S.108).

Da Interkulturelle Bildung keinen eigenständigen Beruf darstellt, sondern eine Querschnittsaufgabe in Berufsfeldern im Lehramt, der betrieblichen Bildung, der Erwachsenenbildung und der Sozialarbeit, lässt sich die niedrige Zahl der Studiengänge erklären, denn bundesweit existieren lediglich zwei Bachelorstudiengänge und zwölf Masterstudiengänge, die Interkulturelle Bildung lehren (vgl. ebd. S.113). An zwölf verschiedenen Standorten werden die Studiengänge angeboten, dazu zählt die UzK mit den Masterstudiengängen Interkulturelle Kommunikation und Interkulturelle Bildung (vgl. ebd., S.110). Die Untersuchungen ergaben, dass sich im Durschnitt 30 Studierende in den 14 Vollzeitstudiengängen befinden, jährlich handelt es sich um eine kleine Gruppe von 420 Studierenden (vgl. ebd. S.133).

Abgesehen von den eigenständigen Studiengängen, ist Interkulturelle Bildung als Pflicht oder Wahlpflichtmodul in Studiengängen wie Lehramt, Erziehungswissenschaft Bachelor als auch Master, Soziale Arbeit, Sozialmanagement und vereinzelt auch in kulturwissenschaftlichen Studien in Verbindung zu Bildungsfragen eingebettet (vgl. ebd. S.125). Außer den Lehramtsstudiengängen ist Interkulturelle Bildung in den anderen genannten Studiengängen als Profil wählbar (vgl. ebd. S.125). In insgesamt 23 Studiengängen ist Interkulturelle Bildung als Pflichtmodul verankert, davon 15 mit Bachelor Abschluss und acht mit einem Masterabschluss. In elf Studiengängen ist Interkulturelle Bildung frei wählbar. Studierende können dieses wählen oder ein anderes Modul, davon sind sechs Bachelorstudiengänge und fünf Masterstudiengänge (vgl. Roth/Weingarten 2016, S.125). Die Zahlen belegen zum einen, dass Interkulturelle Bildung in pädagogisch zentrierten Studiengänge Anerkennung fand, zum anderen gilt Interkulturelle Bildung aber noch überwiegend als Option. An fünf der untersuchten Studienstandorten ist Interkulturelle Bildung als Querschnittsaufgabe verankert in Lehrveranstaltungen, wobei der thematische Fokus auf Heterogenität bzw. Diversität und Partizipation liegt (vgl. ebd. S.132). Fünf weitere Studiengänge zeigten eine querschnittartige Einbettung im Vorlesungsverzeichnis. Jedoch werden an den meisten Studienstandorten Inhalte Interkultureller Bildung nur in dem dafür vorgesehenen Modul gelehrt. Im Lehramt ist die Implementierung der Interkulturellen Bildung nicht weitreichend erfüllt. An 38 Standorten wird Interkulturelle Bildung weder als Modul noch als Lehrveranstaltung angeboten (vgl. ebd. S.132). Schließlich gibt es immer noch viele Standorte und Studiengänge, die Interkulturelle Bildung nicht verbindlich anbieten (vgl. Roth/Wolfgarten 2016, S.137).

Zusammenfassend entsteht der Eindruck, dass Interkulturelle Bildung als Lehrangebot an deutschen Hochschulen flächendeckend angelegt ist: An 49 Standorten besteht die Möglichkeit, Interkulturelle Bildung als eigenständigen Studiengang, als Studiengänge mit Profil oder im Lehramt verankert, zu studieren. An weiteren Standorten bestehen die Möglichkeiten, ohne pädagogische Ausrichtung, erziehungswissenschaftliche Lehrveranstaltungen im Bereich der interkulturellen Bildung zu besuchen, jedoch gibt es daneben auch pädagogisch zentrierten Studiengänge, in denen keine Auseinandersetzung mit Fragen der interkulturellen Bildung stattfinden (vgl. ebd. S.136).

4. Vorgaben des Landes Nordrhein-Westfalen

4.1 Lehrer/innenbildung für eine Schule der Vielfalt

Vor dem Hintergrund, den nachhaltigen Veränderungen in der Bildungslandschaft gerecht zu werden, haben die Hochschulrektorenkonferenz (HRK) und die Kultusministerkonferenz (KMK) eine gemeinsame Empfehlung ausgegeben, die besonders den Lehrkräften entscheidende Anforderungen zukommen lässt. Die Anforderungen an die Lehrkräfte besteht darin, einen professionellen Umgang mit Heterogenität zu leisten und diese als Regelfall anzuerkennen (vgl. Empfehlung von Hochschulrektorenkonferenz und Kultusministerkonferenz 2015, vgl. S.3). Dieses Ziel soll durch eine professionelle Ausbildung erreicht werden, um den Facetten der Vielfalt in der Bildungslandschaft gerecht zu werden (vgl. ebd. S.2). Die Empfehlung soll allen Akteuren, wie den Hochschulen, Ministerien und Behörden, als Orientierung dienen, mit den Facetten der Vielfalt umzugehen (vgl. ebd. S.2).

Das gemeinsame Ziel jeder Schule soll es sein, Diversität als Regelfall anzuerkennen, allen Schüler/innen den bestmöglichen Bildungserfolg zu gewährleisten, die soziale Zugehörigkeit und Teilhabe zu fördern und jede Art von Diskriminierung zu vermeiden (vgl. ebd. S.2). Für die Lehrkräfte bedeutet dies, alle Schüler/innen miteinzubeziehen, Schüler/innen mit Behinderung oder mit besonderen Ausgangsbedingungen, wie zum Beispiel Sprache, soziale Lebensbedingungen, kulturelle und religiöse Orientierungen, Geschlecht und besondere Begabungen und Talenten (vgl. ebd. S.2).

Die Empfehlung von HRK und KMK appelliert, dass die Ausbildung aller lehramtsbezogenen Studiengänge, aller Schularten und Schulstufen es leisten soll, die angehenden Lehrer/innen auf einen konstruktiven und professionellen Umgang mit Diversität vorzubereiten. Hierzu zählt, die nötigen Kompetenzen zu erwerben, um die Barrieren von Schüler/innen, besondere Begabungen sowie Benachteiligungen zu erkennen und entsprechende Prävention- und Unterstützungsmaßnahmen zu ergreifen (vgl. ebd. S.2f.).

Der Erwerb kann bereits vor dem Eintritt in den Lehrberuf in Lehrveranstaltungen mit inhaltlicher Schwerpunktsetzung zum Thema Heterogenität oder als Reflexion – und Beobachtungsschwerpunkt in Unterricht – und schulnahen Lehrveranstaltungen bzw. als Schwerpunktsetzung in Praktikumsphasen erfolgen (vgl. ebd. S.3). Die professionelle Ausbildung des Lehrpersonals für eine „Schule der Vielfalt" ist als Querschnittsaufgabe zu betrachten, dessen sich Bildungswissenschaften, Fachdidaktiken und Fachwissenschaften alle Lehramtsstudiengänge für alle Lehramtstypen gemeinsam und aufeinander abgestimmt ausrichten müssen (vgl. ebd. S.3).

In der zweiten Phase der Lehrer/innenausbildung, dem Vorbereitungsdienst, sollen ebenfalls aufbauende didaktisch-methodische Konzepte entwickelt werden, die von der Heterogenität der Lerngruppe als selbstverständlichen Regelfall ausgehen. Zugleich müssen aber auch Fort- und Weiterbildungsmöglichkeiten für bestehendes Lehrpersonal existieren. Ziel ist es, durch eine entsprechende Aus-, Fort- und Weiterbildung allen Lehramtsanwärter/innen allgemeinpädagogische und sonderpädagogische Basiskompetenzen für einen professionellen Umgang mit Diversität in der Schule zu bieten, insbesondere im Bereich der pädagogischen Diagnostik und der speziellen Förder- und Unterstützungsangebote (vgl. ebd. S.3).

4.2 Standards für die Lehrer/innenbildung: Bildungswissenschaften

Im Jahr 2004 veröffentlichte die Kultusministerkonferenz ihren Beschluss zu den Standards der Lehrer/innenbildung in den Bildungswissenschaften. Mit der Formulierung von Standards soll für Lehramtsanwärter/innen, aber auch für bereits tätige Lehrer/innen, eine Zielklarheit geschaffen werden. In den Standards werden elf konkrete Anforderungen an das Handeln von Lehrkräften herangetragen, darunter auch der professionelle Umgang mit Heterogenität und die korrekte Einschätzung der individuellen Lernvorrausetzungen von Schüler/innen, um folglich die angemessene Förderung anzubieten (vgl. Standards für Lehrerbildung 2004, S.1).

Die curricularen Schwerpunkte der Bildungswissenschaften für die Ausbildung der Lehrer/innen liegen in der Erziehungsaufgabe, der Beurteilungs- und Beratungsaufgabe, der Weiterentwicklungsaufgabe und der Aufgabe, sich an Evaluationsmaßnahmen zu beteiligen. Die bildungswissenschaftlichen Standards richten sich an die Entwicklung und Veränderungen der Schülerschaft und entwickeln somit immer neue Anforderungen an die Lehrerschaft (vgl. ebd. S.3).

Unter dem Kompetenzbereich 4 *„Erziehen – Lehrerinnen und Lehrer üben ihre Erziehungsaufgabe aus"* wird grundlegend zusammengefasst, dass die Beachtung der kulturellen und sozialen Vielfalt Aufgabe der Lehrkraft ist. Hierfür müssen Lehrer/innen pädagogische, soziologische und psychologische Theorien der Entwicklung und der Sozialisation von Kindern und Jugendlichen kennen sowie sich mögliche Benachteiligungen von Schüler/innen beim Lernprozess bewusst sein. Die Benachteiligungen auf den Erziehungs- und Bildungsprozess können durch die sozialen und kulturellen Lebensbedingungen von Schüler/innen entstehen, aber auch durch geschlechterspezifische Einflüsse. Die Lehrkräfte sollen in der praktischen Ausbildung mit entsprechenden Präventiv- und Fördermaßnahmen ihre Schüler/innen individuell unterstützen können (Standards für die Lehrerbildung 2004, S.9).

Im Kompetenzbereich 7 *„Lehrerinnen und Lehrer üben ihre Beurteilungsaufgabe gerecht und verantwortungsbewusst aus"* geht es darum, in der theoretischen Ausbildung die unterschiedlichen Lernvoraussetzungen von Schüler/innen zu kennen, um diese im Unterricht entsprechend zu berücksichtigen. Für die praktische Ausbildung bedeutet dies, die Lernfortschritte als auch Hindernisse der jeweiligen Schülergruppe zu erkennen und entsprechende Fördermöglichkeiten anzubieten (vgl. ebd. S.11).

In der gemeinsamen Empfehlung von HRK und KMK und den Standards für die Lehrerbildung, erhält das breite Spektrum von heterogenen Schülergruppen als Regelfall Anerkennung. Heterogenität kann laut der Beschlüsse in den vielfältigsten Formen erscheinen und ist nicht bloß auf Migration und Kultur beschränkt, sondern schließt zudem beispielsweise Religion und Geschlecht mit ein. Beide Beschlüsse fordern Lehrer/innen dazu auf, mit dem inklusiven Schulsystem sensibilisiert und professionell umzugehen, dazu zählt ein theoretisches Wissen bezüglich Ausgangsbedingungen der Schüler/innen, aber auch praktische Kompetenzen bezüglich Förder- und Präventionsmaßnahmen. Lehrkräfte können dieses spezifische Wissen zum Umgang mit heterogenen Schülergruppen beim Einstieg in den Beruf bereits mitbringen, wenn die Vermittlung in den universitären Lehrveranstaltungen geschieht (vgl. Steinbach 2016, S.290).

4.3.1 Lehramtszugangsverordnung NRW und Modulhandbücher der Universität zu Köln

Nach dem Einblick in die bildungspolitischen Anforderungen, die für die Ausbildung des Lehramtsstudiums beschlossen wurden, stellt sich die Frage, wie die Ansprüche an der UzK umgesetzt werden. Dabei ist die Analyse der Lehramtszugangsverordnung

Nordrhein-Westfalens und der Modulhandbücher des Bachelor- sowie Masterstudiums für LA HRSGe und LA GymGe unerlässlich. Es wird überprüft, inwieweit die in den vorherigen Kapiteln genannten Beschlüsse sich in den Lehrveranstaltungen verankert haben und inwieweit die Verteilung der Leistungspunkte dies überhaupt zulässt.

Bei der Betrachtung der Lehramtszugangsverordnung fällt auf, dass sowohl beim LA HRSGe sowie beim LA GymGe insgesamt 300 Leistungspunkte im Bachelor und im Master zu erreichen sind (vgl. Lehramtszugangsverordnung NRW 2016). Die strukturelle Umstellung auf Bachelor- und Masterstudiengänge sowie die Einführung des Leistungspunktesystems (ETCS) sind Resultate der Bologna Reform 1999 (vgl. Hiller 2011, S.238). Das Lehramtsstudium setzt sich aus fachbezogenen, fachdidaktischen und erziehungswissenschaftlichen Modulen zusammen. Die Gemeinsamkeit der verschiedenen Lehrämter liegt darin, dass das Eignungs- und Orientierungspraktikum, das Berufsfeldpraktikum (6 LP), das Praxissemester (25 LP), Deutsch für Schülerinnen und Schüler mit Zuwanderungsgeschichte (6 LP) und die Bachelor- und Masterarbeit (27 LP) verpflichtend sind und mit denselben Leistungspunkten belegt sind (vgl. Lehramtszugangsverordnung NRW 2016). Den größten Zeitanteil an der Lehramtsausbildung besitzen die Fachwissenschaften und Fachdidaktiken. Der augenscheinliche Unterschied liegt darin, dass im LA GymGe, den Fachwissenschaften und Fachdidaktiken der beiden Unterrichtsfächer eine höhere Leistungspunkteverteilung zugrunde liegt als beim LA HRSGe. Während die Fachdidaktiken und Fachwissenschaften im LA GymGe 192 Leistungspunkte einnehmen, was bereits mehr als die Hälfte der zu erreichenden Leistungspunkte ausmacht, sind es beim LA HRSGe nur 156 Leistungspunkte (vgl. ebd.). Diese Verteilung der Leistungspunkte betont, dass der Fokus der Ausbildung beim LA GymGe auf dem Inhalt der Fächer liegt, mehr als auf dem erziehungswissenschaftlichen Teil, denn dieser ist mit lediglich 42 Leistungspunkten versehen. Werden von diesen 42 Leistungspunkten die verpflichtenden Praktika abgezogen, bleiben 30 Leistungspunkte übrig. Die bildungswissenschaftlichen Module für das LA GymGe sind „Erziehen", „Beurteilen", „Unterrichten", „Innovieren" und „Diagnostizieren und Fördern" (vgl. Modulhandbuch B.A.2016 / M.A. Gym/Ge 2019). Laut Erziehungswissenschaftlerin Ingrid Gogolin umfasst in günstiger Lage der bildungswissenschaftliche Anteil des Lehramtsstudiums ein Drittel der Ausbildung, was ihrer Meinung nach zu wenig sei (vgl. Gogolin, 2004, S.282). Im Fall des LA GymGe macht der erziehungswissenschaftliche Anteil nicht einmal ein Drittel des Studiums aus. Darüber hinaus sagt Gogolin, dass kein Zweifel darin besteht, dass Lehrkräfte fundiertes und fachliches Wissen benötigen, aber damit ist ihre Berufs-kompetenz nicht vollständig gedeckt (vgl. ebd. S.282).

Im Gegensatz dazu ist der bildungswissenschaftliche Anteil im LA HRSGe fast doppelt so hoch wie beim LA GymGe, denn dort sind es 78 Leistungspunkte. Werden nun von diesen 78 Leistungspunkten die verpflichtenden Praktika abgezogen, sind es immer noch 66 Leistungspunkte. Der bildungswissenschaftliche Anteil im LA HRSGe macht fast ei-nen Drittel des Studiums aus, was selbstverständlich die Folge mit sich bringt, dass die Fachdidaktiken und Fachwissenschaften der beiden Unterrichtsfächer mit weniger Leis-tungspunkten belegt sind, mit insgesamt 156 Leistungspunkten (vgl. Lehramtszu-gangsverordnung NRW 2016). Im LA HRSGe gestaltet sich der bildungswissenschaftli-che Teil aus denselben Modulen wie für das LA GymGe und zusätzlich gibt es *„Soziale Intervention und Kommunikation"* und ein Schwerpunktmodul, bei dem die Studierenden die Wahlmöglichkeit zwischen *„Interkulturelle Bildung"*, *„Historische Bildungsfor-schung und Geschlechterforschung"* und *„Entwicklung und Sozialisation im Jugendal-ter"* besitzen. Das Schwerpunktmodul ist frei wählbar (vgl. Modulhandbuch B.A. LA HRSGe 2016, S.16f.). Die Inhalte des Moduls Interkulturelle Bildung beziehen sich auf die thematische Auseinandersetzung der Folgen von Migration, wie den soziokulturellen Veränderungen, gesellschaftlicher Diversität sowie Maßnahmen und Methoden ihre pä-dagogische Bearbeitung zu erlernen (vgl. ebd. S.16). Es wird ein Grundlagenwissen über Interkulturelle Arbeit, Kultur, Mehrsprachigkeit, Bildungsbenachteiligung, Migration, Globalisierung, Rassismus, Heterogenität, aber auch die institutionellen Rahmenbedin-gungen der Schule beleuchtet und interkulturelle Didaktik nähergebracht. Neben Grund-lagenwissen sollen die Kompetenzen erworben werden, kritisch zu reflektieren, insbe-sondere als Lehrpersonal über Maßstäbe für interkulturell kompetentes Handeln zu ver-fügen, die besonderen Bedingungen von mehrsprachigen Schüler/innen im Lernprozess zu kennen und diese für den Schulalltag anwenden zu können. Es ist von hoher Bedeu-tung, dass sich die Lehramtsanwärter/innen Wissen darüber aneignen, wie sie den Wis-sensvermittlungsprozess der Schüler/innen so gestalten, dass dieser in einer selbstregu-lierten Entwicklung und einem Lernprozess mündet und auf individuelle Voraussetzun-gen der Schüler/innen abgestimmt ist. Lehrer/innen müssen die besondere Lage von zu-gewanderten Kindern und Jugendlichen kennen, um ihnen präventive und förderliche Hilfe anbieten zu können (vgl. Modulhandbuch B.A. LA HRSGe 2016, S.16). Daraus folgt, dass Lehrende über die Kompetenz verfügen müssen Schüler/innen richtig

einzuschätzen und ihr Urteil über die Leistungen der Schüler/innen angemessen zu formulieren (vgl. McElvany/Gebauer et al. 2011, S.197).

Das Schwerpunktmodul ist anders als die anderen bildungswissenschaftlichen Module
mit 12 LP besetzt, da es aus einer Vorlesung und drei Seminaren besteht. In jeder Veran-
staltung ist eine aktive Teilnahme zu erfüllen sowie das Erstellen eines Portfolios als Modulabschlussprüfung. Das Prüfungsformat eines Portfolios stellt die reflexive Auseinandersetzung mit dem professionellen Selbstkonzept der Studierenden hinsichtlich der eigenen Haltung und Einstellung zum gelernten Sachwissen dar (vgl. Modulhandbuch B.A.
LA HRSGe 2016, S.17). Im Masterstudiengang für HRSGe gibt es die Vertiefung des
Schwerpunktmoduls, ebenfalls mit 12 LP belegt. Das Schwerpunktmodul „Interkulturelle
Bildung (Vertiefung)" besteht aus einer Vorlesung und zwei Seminaren. Die Modulabschlussprüfung ist eine Projektarbeit. Die Ziele und Inhalte sind ähnlich wie im Bachelorstudiengang (vgl. M.A. LA HRSGE 2019, S.17f.). Durch die Kontinuität des Moduls im
universitären Studienverlauf wird den Student/innen die Möglichkeit gegeben, sukzessiv
theoretisch fundiertes Wissen zu entwickeln und gleichzeitig das erworbene Wissen in
seinem Verhältnis zur pädagogischen Praxis zu reflektieren (vgl. Dogmus / Karakasoglu
2016, S.104). Das Modul Interkulturelle Bildung wird nur für das LA HRSGe angeboten.
Die thematische Vermittlung erfüllt die Anforderungen der Empfehlung von HRK und
KMK sowie dem Standard der Lehrerbildung. Durch die Vermittlung des theoretischen
Grundlagenwissens werden die Studierenden nicht nur für den Umgang mit Differenzen
sensibilisiert, sie erwerben zudem Kompetenzen, um kompetent und kritisch Konsequen-
zen für ihren Unterricht zu ziehen. Der Umstand, dass sich das Bildungswesen der Bun-
desrepublik auf Angehörige unterschiedlicher ethnischer Gruppen einstellen muss, wird
durch das inhaltlich umfangreiche Modul geleistet. Zu bemängeln ist, dass nur das LA
HRSGe dieses Modul anbietet und das als nicht verpflichtende Option. Es steht außer
Frage, dass die Lehramtsstudierenden für GymGe die thematische Auseinandersetzung
mit kultureller Heterogenität ebenfalls benötigen, denn auch sie treffen auf Kinder und
Jugendliche, die ethnisch und kulturell anders sind, jedoch zeigte die Verteilung der Leistungspunkte, dass die Bildungswissenschaften für GymGe einen größeren Fokus auf die
Fachwissenschaften und Fachdidaktiken der Unterrichtsfächer legen und somit nur ge-
ringe Kapazität für die Bildungswissenschaften übrig bleiben. Zwar wird im Modulhandbuch die querschnittartige Verankerung der Schlüsselthemen Diversität, Heterogenität
hinsichtlich Geschlechtes, Kultur, sozialer Lage, Inklusion bzw. Integration und Medialer
Wandel und seine Implikation für formelle und informelle Lern- und Bildungsprozesse

im Kontext von Schule und Unterricht für das LA GymGe ausdrücklich erwähnt (vgl. Modulhandbuch B. A. GymGe 2016, S.1), doch es gibt für Interkulturelle Bildung oder Heterogenität kein gesondertes Modul. Das dies möglich ist, zeigt die Universität Bremen. Diese hat seit 2009 das Modul „Umgang mit Heterogenität in der Schule" für alle lehramtsbezogenen Studienfächer verpflichtend verankert (vgl. Dogmus /Karakasoglu 2016, S.87).

4.3.2 Deutsch für Schüler/innen mit Zuwanderungsgeschichte

Verpflichtend für alle Lehramtsstudierenden im Master ist das Modul „*Deutsch für Schüler/innen mit Zuwanderungsgeschichte*". Das DaZ Modul wird innerhalb von drei Semestern abgeschlossen, indem im ersten Semester die Vorlesung besucht wird und im dritten Semester ein vertiefendes Seminar. Die Reihenfolge ist bewusst so gewählt, damit die Studierenden die gewonnenen Erkenntnisse aus der Vorlesung im Praxissemester erkennen und anwenden können. Die Lernergebnisse sollen im Portfolio dokumentiert werden. Bei erfolgreicher Modulabschlussprüfung erhalten die Studierenden 6 LP (vgl. MHB_DaZ).

Als primäres Ziel wird formuliert, dass Studierende die typischen Verstehens- und Kommunikationsschwierigkeiten für Lerner/innen mit geringeren Sprachkenntnissen in alltagskommunikativen und fachlichen Zusammenhängen erkennen können sollen (vgl. MHB_DaZ). Die Studierenden sollen dazu befähigt werden, anhand erworbener Fördermaßnahmen den Unterricht sprachsensibel zu gestalten und gleichzeitig das fachliche Ziel zu erreichen. Sie sollen für Unterschiede im Lernverhalten aufgrund von unterschiedlicher sprachlicher Vorraussetzungen sensibilisiert sein und im Unterricht kompetent damit umgehen können (vgl. ebd.) Es ist von hoher Bedeutung, dass die Lehramtsanwärter/innen die individuellen Lernvoraussetzungen und Lernschwierigkeiten ihrer Schüler/innen richtig einschätzen, um durch etwaige Benachteiligungen einen sprachsensiblen Unterricht zu planen (vgl. ebd.).

Die verpflichtende Verankerung des DaZ Moduls in allen lehramtsbezogenen Masterstudiengängen zeigt, dass die unterschiedlichen Lernvoraussetzungen und -schwierigkeiten der Schüler/innen mit der Sprache genügend Beachtung erhält. Das DaZ Modul leistet einen wichtigen Beitrag zur Eingliederung aller Schüler/innen, weil theoretisches Wissen über die sprachliche Ausgangslage der Schüler/innen und Kompetenzen vermittelt werden, um sprachsensibel mit den Schüler/innen umzugehen, sie individuell in ihrem Lernniveau zu fördern und fachliche Inhalte zu vermitteln. Das Ziel, dass Lehrer/innen alle

Schüler/innen berücksichtigen, kann mit einem solchen Pflichtmodul erreicht werden. Die Analyse zeigte aber auch, dass die Intensität der Auseinandersetzung und die inhaltliche Ausgestaltung mit politischen Vorgaben zu Inhalten in den einzelnen Studiengängen zusammenhängen und mit der Umsetzung dieser Vorgaben innerhalb der Universität.

4.3.3 Praktika

Die Praktika, wie das Eignungs- und Orientierungspraktikum zu Beginn des Studiums, können eine erste reflexive Begegnung mit den Anforderungen der Vielfalt an die Berufsrolle von Lehrkräften bieten. Im Praxissemester, welches gewöhnlich im zweiten Mastersemester stattfindet, können die komplexen Anforderungen der Schulpraxis wahrgenommen, analysiert und systematisch mit den bildungswissenschaftlichen, sonderpädagogischen und fachdidaktischen Studienangeboten verknüpft werden (vgl. Empfehlung Hochschulrektorenkonferenz 2015, S.4). Insbesondere die schulpraktischen Phasen bieten zusätzliche Reflexionsmöglichkeiten des gelernten Theoriewissens. Das Berufsfeldpraktikum, welches gewöhnlich im vierten oder im fünften Semester absolviert werden soll, soll Einblicke in ein anderes Berufsfeld als das Lehramt gewähren, weshalb es nicht als schulpraktische Phase zählt. Die Modulabschlussprüfung besteht aus dem erfolgreichen Absolvieren des Praktikums und der Erstellung eines Portfolios. Der Einsatz des Portfolios als Reflexionsinstrument kann die Auseinandersetzung mit dem professionellen Selbstkonzept angehender Lehrkräfte hinsichtlich der eignen Haltung und Einstellung zum Thema schulischer Inklusion fördern. (vgl. ebd. S.4).

5.Chancengleichheit als Herausforderung

5.1 PISA Ergebnisse 2018

Die Ergebnisse der ersten PISA Studie im Jahr 2000 wiesen eine deutlich ausgeprägte Bildungsbenachteiligung von Schüler/innen mit Migrationshintergrund auf. Einer der Hauptursachen für das schlechte Abschneiden der Schüler/innen mit Migrationshintergrund liegt in der bis zum Ende der 1990er Jahre vorherrschenden Ausländerpädagogik der Bundesrepublik (vgl. Krüger-Potratz 2011, S.38).

Fast 30 Jahre nach Entstehung der interkulturellen pädagogischen Ansätze zur Eingliederung aller Schüler/innen in das deutsche Bildungssystem gilt die Chancengerechtigkeit als noch nicht erreicht und es besteht weiterhin Förderungsbedarf (vgl. OECD PISA Ergebnisse 2018).

Neben vielen positiven Ergebnissen, wie dass Schüler/innen in Deutschland beim Lese-verständnis und in der Mathematik besser abgeschnitten hatten als der OECD- Durch-schnitt und bei den Naturwissenschaften sogar besser, hängt gleichzeitig der Schulerfolg in Deutschland weiterhin stärker von der sozialen Herkunft der Schüler/innen ab als im Durchschnitt der OECD Länder (vgl. OECD PISA Ergebnisse 2018).

Einer der Faktoren hinter dem Leistungsrückgang könnten die seit der Flüchtlingskrise gestiegenen Ansprüche an das Bildungssystem sein. So ist der Anteil von Schüler/innen mit Migrationserfahrung seit der letzten PISA Erhebung deutlich gestiegen und deren Integration in das Bildungssystem bleibt weiterhin eine große Herausforderung (vgl. ebd.).

Der Anteil der Schüler/innen mit Migrationshintergrund erhöhte sich in Deutschland zwischen 2009 und 2018 von 18 % auf 22 %. Dabei ist zu beachten, dass die Hälfte dieser Schüler/innen sozioökonomisch benachteiligt ist. Zwischen Schüler/innen mit und Schü-ler/innen ohne Migrationshintergrund besteht im Bereich Lesekompetenz ein hoher Leis-tungsabstand von 63 Punkten. Dieser Abstand ist auch nach Berücksichtigung des sozio-ökonomischen Profils der Schüler/innen noch vergleichsweise groß (17 %). 16 % der Schüler/innen mit Migrationshintergrund konnten sich jedoch trotz ihrer relativen sozio-ökonomischen Benachteiligung im obersten Quartil der Leistungsverteilung platzieren (vgl. ebd.). PISA Teilnehmerländer, wie Macao (China) und Estland, gehören zu der Gruppe von Ländern, die in PISA 2018 bewiesen, dass gute bzw. sehr gute Ergebnisse und Chancengleichheit miteinander vereinbar sind. Deutschland gehört zur Gruppe der langjährigen Zielländer mit einem hohen Anteil seit langem ansässiger gering qualifizier-ter Zuwanderer. Der Begriff „Schüler mit Migrationshintergrund" steht bei PISA für Schüler/innen, deren beide Eltern im Ausland geboren sind (vgl. ebd.).

Erneut veranschaulichen die PISA Ergebnisse, dass eine Chancengleichheit im deutschen Bildungssystem nicht existiert, weil ein enger Zusammenhang zwischen Schulerfolg und sozialer Herkunft dominiert. Bei der Betrachtung der Zahl der neu dazugekommenen Schüler/innen ist es umso wichtiger, Verantwortung für die Schlechterstellung migrati-onsanderer Schüler/innen zu übernehmen, bei der ihr Schulerfolg nicht von ihrer Herkunft oder ihrem kulturellen Kapital bestimmt wird. Es ist die Aufgabe eines jeden Landes, seine künftigen Generationen in Bildung und Ausbildung ausreichend zu integrieren (vgl. Krüger-Potratz,2011, S.41). Die Teilnehmerländer, wie Macao und Estland, sind Bei-spiele dafür, dass sehr gute Ergebnisse und Chancengleichheit miteinander kompatibel sind (vgl. OECD Pisa Ergebnisse 2018).

Empirischer Teil

Angesicht der dargelegten theoretischen Grundlage wurde ersichtlich, dass die bildungspolitischen Rahmenbedingungen für die Beschulung von Schüler/innen einer anderen
Sprache oder Kultur einen Paradigmenwechsel erlebt hat. Das Thema Heterogenität im
Schulalltag hat öffentliche Anerkennung in Beschlüssen der Kultusministerkonferenz
und der Lehrerbildung erhalten. Als zentrale Aufgabe der Lehrer/innen wird formuliert,
Heterogenität als Bereicherung und Normalfall anzuerkennen. Die letzten PISA Ergebnisse betonen erneut, dass das Ziel der Miteinbeziehung aller Schüler/innen ganz gleich
der Herkunft oder des sozioökonomischen Status noch lange nicht erreicht seien. Bei der
Betrachtung der Modulhandbücher der UzK fällt auf, dass die politischen Vorgaben nur
zu einem gewissen Grad umgesetzt wurden, wobei unterschieden wird, welches Lehramt
betrachtet wird. Die empirische Untersuchung scheint an dieser Stelle einen wichtigen
Beitrag zu leisten, um herauszufinden, was von den beschriebenen Zielen des Landes
letztendlich bei den Studierenden ankam, was sie in ihrer universitären Ausbildung an der
UzK bezüglich kultureller Heterogenität an Methoden und theoretischen Wissen gelernt
hatten und welche Einstellung sie zur kulturellen Heterogenität besitzen.

6.Forschungsdesign

6.1 Qualitative Sozialforschung

Die Qualitative Sozialforschung verfolgt die Absicht, neue Erkenntnisse und empirisch
begründete Hypothesen zu generieren (vgl. Rosenthal 2015, S.13). Hierzu bieten sich offene Verfahrensmethoden, wie Gruppendiskussionen und offene Interviews an, da sie
sich an die interviewten Personen richten und ihnen bei der Befragungssituation den
größtmöglichen Freiraum lassen (vgl. ebd. S.14). Auf der einen Seite ermöglicht die offene Verfahrensweise der Erhebung und Auswertung herauszufinden, wie Menschen ihre
Welt interpretieren und diese interaktiv herstellen, jedoch bedeutete dies für den For-
schungsprozess, dass dieser nicht exakt planbar und vorhersehbar ist (vgl. ebd. S.15f.).
Zu beachten gilt, dass die Qualitative Sozialforschung auf die Rekonstruktion der Kom-
plexität von Handlungsstrukturen am Einzelfall ausgeht (vgl. ebd. S.27). Die Betrachtung
des Einzelfalls ermöglicht ein Phänomen aus der Perspektive der Handelnden zu betrachten, die Wirkungszusammenhänge und latenten Sinngehalt zu erfassen (vgl. ebd. S.19).
Im Gegensatz zur Quantitativen Sozialforschung leistet die Qualitative Sozialforschung
die Erforschung noch unbekannter Phänomene oder kaum erforschte Felder (vgl. ebd.
S.18f.).

6.2 Das Leitfadengestützte Experteninterview und die Positionskärtchen

Ziel dieser Arbeit ist es, die universitäre Ausbildung von Studierenden bezüglich kultureller Heterogenität zu ermitteln und herauszufinden, welche Einstellung sie diesbezüglich besitzen. Daher bietet sich die Form des Experteninterviews an, bei dem die Studierenden als Experten mit ihrem Spezialwissen über das zu erforschende Feld dienen, ihre Sichtweise auf den Sachverhalt steht im Fokus der Befragung (Gläser/Laudel 2009.S.12). Anhand ihres „Expertenwissens" und persönlicher Beobachtungen besitzen die Studierenden eine individuelle Position auf den untersuchten Sachverhalt. Ziel ist es, durch das Wissen der Befragten ein soziales Problem zu rekonstruieren, Begründungen für Problemursachen zu ermitteln, aber auch Lösungsprinzipien und Empfehlungen zu erforschen (vgl. Pfadenhauer 2007, S.452). Demnach zielt das Erkenntnisinteresse des Experteninterviews auf die Rekonstruktion von (explizitem) Expertenwissen ab (vgl. ebd. S.452).

Das gängigste Erhebungsinstrument in der qualitativen Sozialforschung ist das Leitfadeninterview, welches üblicherweise auch für Experteninterviews genutzt wird (vgl. Gläser/Laudel 2009. S.111 / Kleemann 2013, S.208). Beim Leitfadeninterview handelt es sich um eine Form nicht standardisierter Interviews, bei dem mittels vorbereiteter, offener Fragen die Grundlage des Gesprächs geschaffen wird (vgl. Gläser /Laudel 2007, S.111). Die Herausforderung nicht standardisierter Interviews liegt in der Offenheit der Fragen. Diese sollen die Interviewten zum Erzählen anregen und ihnen die Möglichkeit bieten, offen und in eignen Worten über die Thematik zu sprechen (vgl. Kleemann 2013, S.208). Damit soll das Wissen der Interviewpartner/in und die Bedeutung, die sie diesem beimessen, erfasst werden. Zusätzlich können die Befragten in der Gesprächssituation neue Aspekte einbringen und diese vertiefend darstellen. Der Leitfaden ist eine wichtige Stütze, hinsichtlich der Strukturierung des Interviews (vgl. Kleemann 2013, S.209).

Für den zweiten Teil der Befragung wurden bewusst provokant formulierte Aussagen auf Kärtchen niedergeschrieben, damit die Befragten sich frei wählbar zu den Kärtchen positionieren können. Diese sogenannten Positionskärtchen sollen die Befragten zum Erzählen animieren, um mögliche neue Gesichtspunkte zur Forschungsfrage zu erfassen.

Zur Aussagekraft der Qualitativen Sozialforschung lässt sich sagen, dass diese aufgrund ihrer starken Orientierung am Einzelfall zwar detailreich, aber nicht repräsentativ ist, es geht vielmehr um die Erhebung typischer Strukturen und Gegebenheiten (vgl. Pfadenhauer 2007, S.468).

6.3 Das Sampling

Die Qualitative Sozialforschung strebt die Auswahl von informationshaltigen Fällen an (vgl. Schreier 2010, S.241). Für die Erhebung kommt es besonders darauf an, bewusst und absichtsvoll jene Fälle auszuwählen, die für die Beantwortung der Fragestellung den höchsten Erkenntnisgewinn erzielen (vgl. ebd. S.241). Es wird zwischen *theoretischem*, *selektivem* und *purposivem Sampling* unterschieden (Flick 2010). Die absichtsvolle Fallauswahl stellt den Gegensatz zur Zufallsstichprobe dar, die wahllos erfolgt (vgl. Schreier, S.241).

Für diese Arbeit eignet sich das selektive Sampling, denn es werden ausgehend von der Fragestellung vorab relevante Kriterien für die Auswahl bestimmt (vgl. Flick 2010). Folglich handelt es sich bei der Auswahl der Experten um zwei Studentinnen an der UzK, die sich im Bachelorstudiengang LA HRSGe für die Fächer Englisch und Sozialwissenschaften befinden. Beide sind fortgeschritten im Studium und verfassen derzeit ihre Abschlussarbeit. Es wurden bewusst Student/innen mit einem Migrationshintergrund für die Befragung gewählt, weil sich diese häufig motiviert in integrations- und bildungspolitischen Themen zeigen. Das liegt zum einen darin, dass sie ein ausgeprägtes Verständnis für die Situation von Schüler/innen und Eltern mit Migrationshintergrund mitbringen (vgl. BAMF 2011). Darüber hinaus können sie angesichts ihres erfolgreichen Bildungswegs als Vorbild dienen. Auch liegt es im Sinne der KMK mehr Lehrer/innen mit Migrationshintergrund zu gewinnen (vgl. KMK Beschluss 1996/2013, S.6). Bei der Auswahl der Interviewten wurde darauf geachtet die Kontextvariablen wie Geschlecht, Migrationshintergrund, Studiengang, -fächer, - und Semester homogen zueinander zu halten. Die Auswahl homogener Fälle bringt den Vorteil, einen weitreichenden Überblick über den Sachverhalt zu erhalten (vgl. Schreier 2010, S.247). Jedoch kann mit der homogenen Fallauswahl keine Vergleichsdimension identifiziert werden (vgl. Flick 2010).

6.4 Die Interviewdurchführung

Laut Gläser und Laudel empfiehlt es sich, die Durchführung des Interviews face to face vorzunehmen. Der methodische Vorteil liegt in der Kontrolle des Gesprächsverlaufs. In Anbetracht der aktuellen Lage durch COVID-19 wurde dem Wunsch der Interviewten nachgegangen, das Interview via Zoom Meeting durchzuführen. Dies ermöglichte zwar keine Nähe zum Interviewten, doch das face to face Prinzip war gegeben und darüber hinaus musste der Interviewte nur die tatsächliche Interviewzeit aufbringen, statt noch Zeit für den Weg einzuräumen (vgl. Gläser/Laudel 2009, S.153). Lange vor dem

Interview wurde den Befragten die Datenschutzerklärung zugesandt, die besagt, dass ihre Daten zur Weiterverarbeitung gesichert werden und ihnen Anonymität gewährleistet wird (vgl. Anhang /vgl. ebd. S.171). Um dem Prinzip der informierten Einwilligung nachzukommen, wurden die Interviewten über das Ziel der Untersuchung und über ihre Rolle für die Erreichung des Ziels unterrichtet. Die Positionskärtchen wurden zu Beginn des zweiten Abschnitts via WhatsApp an die Befragten gesendet. Der zeitliche Umfang der Interviews betrug zwischen 20 bis 30 Minuten. Die Durchführung fand am 22.06.2020 statt. Die Beteiligung der Interviewten erwies sich als kooperativ.

6.5 Die Transkription

Die Aufzeichnung der durchgeführten Interviews erfolgte mittels eines Aufnahmegeräts und diente im Anschluss als Fundament der Transkription. In der sozialwissenschaftlichen Forschung ist die Wahl des Transkriptionssystems stark von der Art der geplanten Analyse abhängig (vgl. Höld 2007, S.658) Unter einem Transkriptionssystem werden Regeln verstanden, die genau festlegen, wie Sprache in eine einheitliche, fixierte Form übertragen wird (vgl. ebd. S.658). Demzufolge wurde die Transkription in einfacher Form vorgenommen, nach den Richtlinien von Dresing und Pehl 2015, da der Fokus der Auswertung auf dem Inhalt des Interviews liegt (vgl. Höld 2007, S.659). Es wurde wortwörtlich transkribiert, das heißt, dass die Umgangssprache mit dem üblichen Alphabet und ohne Korrektur wiedergegeben wurde, verbalen Daten wie lachen wurden in literarische Schrift umgewandelt (vgl. ebd. S.660). Die Sprache wurde geglättet, damit eine leichte Lesbarkeit gewährleistet wird.

6.6 Die qualitative Inhaltsanalyse nach Mayring

In den Sozialwissenschaften etablierten sich die Techniken qualitativer Inhaltsanalysen zu einer Standardmethode (vgl. Mayring 2010, S.601). Für das konkrete Forschungsprojekt kommt es darauf an, aus der Vielzahl von Techniken der qualitativen Inhaltsanalyse, die geeignete Prozedur oder Prozedurenkombination auszuwählen. Für die Auswertung des Experteninterviews empfiehlt sich die qualitative Inhaltsanalyse nach Philipp Mayring. Zentrale Erkennungsmerkmale der Qualitativen Inhaltsanalyse nach Mayring ist das Kategoriengeleitete Vorgehen, das Fragestellungbezogene Arbeiten und die Regelgeleitetheit (vgl. Ramsenthaler 2013, S.23). Bei der qualitativen Inhaltsanalyse geht es darum, dass Textmaterial mit inhaltsanalytischen Regeln beschreibbar und überprüfbar wird. Durch die regelgeleitete Kategorienbildung lassen sich möglicherweise auch Kategorienhäufigkeiten quantitativ bestimmen. Deshalb nimmt die qualitative Inhaltsanalyse eine gewisse Zwischenstellung zwischen qualitativen und quantitativen Methoden ein (vgl. Mayring 2019).

Das Kategoriensystem bestehend aus Kategorien, Unterkategorien, Kategorie Definition und Ankerbeispielen stellt den in den ausgewerteten Texten enthaltenen latenten Sinn dar (vgl. Ramsenthaler 2013, S.23).

In Abgrenzung zu „freier" Interpretation möchte die qualitative Inhaltsanalyse die Systematik methodisch kontrollierter Textauswertung beibehalten, ohne verfrüht in Quantifizierung zu verfallen (vgl. Mayring / Zirkuda 2008, S.10). Das Gerüst der qualitativen Inhaltsanalyse stellen die Einordnung in ein Kommunikationsmodell; die Regelgeleitetheit, das Arbeiten mit Kategorien und Gütekriterien dar (vgl. Mayring/ Zirkuda 2008, S.10). Zu den Gütekriterien zählt Mayring Nachvollziehbarkeit, Triangulation und Reliabilität (vgl. Ramsenthalter 2013, S.25).

Die folgende Tabelle stellt das Kategoriensystem dar, das aus der Textanalyse entstanden ist und als Grundlage für die Ergebnisdarstellung in den folgenden Kapiteln dient. Die Kategorienbildung erfolgte sowohl induktiv als auch deduktiv, da vorab Kategorien für die Analyse des Textmaterials gebildet wurden. Diese Kategorien wurden am Textmaterial erneut geprüft, ergänzt und verändert (vgl. ebd., S.25). Auf der Grundlage des Kategoriensystems wird die Textinterpretation und die Beantwortung der Fragestellung erfolgen, weshalb die Kategorien die Analyse determinieren (vgl. ebd. S.25).

Kategorie	Definition	Ankerbeispiele	Kodierregel
K1 Bedeutung Kulturelle Heterogenität			
1.1 Vielfalt	Alle Aussagen, in denen die Befragten kulturelle Heterogenität als Vielfalt bezeichnen.	B1:" Also der Begriff an sich kulturelle Heterogenität ist ja für mich erstmal nur ein ganz großes Synonym für Vielfalt ..." (Z.11-12)	
1.2 Wahrnehmen der Identität der Schüler/innen	Alle Aussagen, in denen die Befragten die kulturelle Heterogenität mit der Identität der Schüler/innen gleichsetzen.	B2: „(...) Das kann zum Beispiel eine Ethnie sein, das kann ja alles Mögliche sein, also Traditionen, Normen mit denen man aufgewachsen ist (...)" (Z.13-14)	Hierzu gehören alle Aussagen, die Aufschluss darüber geben, was ein/e Schüler/in mitbringt, dazu gehört die Sprache, das Elternhaus, die Ethnie, die Kultur, Tradition, aber auch die soziale Ausgangsbedingungen wie der sozioökonomische Status.
K2 Anforderungen und Aufgaben der Lehrkraft	Alle Informationen, die Auskunft über die Anforderungen und Aufgaben geben, die sich aus der kulturell heterogenen Schülerschaft ergeben.	B2:"Flexibilität, ich als Lehrerin, die vor einer heterogenen Klasse steht, muss flexibel und auch offen sein (...)" (Z.19-20)	
K3 Einstellung zur kulturellen Heterogenität			
3.1 Bereicherung	Alle Äußerungen, die Aufschluss darüber geben, dass die Befragten die kulturelle Heterogenität als Bereicherung empfinden.	B1:"(...) dann ist das für mich auf jeden Fall eine Bereicherung." (Z.98-99) B2:" Ich glaube eher man ist dankbar dafür, dass so viel Vielfalt in einem Raum herrscht ..." (Z.162-163)	
3.2 Herausforderung	Alle Äußerungen, die Aufschluss darüber geben, dass die Befragten die kulturelle Heterogenität als Herausforderung empfinden.	B1:"(...) einfach gucken, wie werde ich den fünf Kindern gerecht und wie werde ich dem Rest der Klasse gerecht."(Z.55-56)	
K4 Universitäre Ausbildung			
4.1 Theorie und Methodenerwerb in den Lehrveranstaltungen	Alle Informationen, die Aufschluss darüber geben, in welchen	B1:" Ich kann dir aber auf jeden Fall mindestens eine empfehlen, das war in	Hierzu gehören alle Aussagen, die Lehrveranstaltungen nennen, aus allen

24

			drei Fächern des Lehramtsstudiums, sowie das erworbene Wissen, welches sich in Theorie und Methodenkompetenz einteilen lässt.
	Lehrveranstaltungen kulturelle Heterogenität behandelt wurde und welches Wissen vermittelt wurde.	Englisch „Inclusive Teaching." (Z.119-121) B2:"Also ich kann aufgrund der Lehrveranstaltungen Heterogenität definieren, ich weiß welche Arten es gibt (...)." (Z.40-41)	
4.2 Kritik / Appell	Alle Informationen, die Aufschluss darüber geben, was die Befragten an ihrer universitären Ausbildung kritisieren.	B1:„(..)ich würde mir an der Stelle schon wünschen, dass man grundsätzlich Heterogenität ähnlich wie Inklusion zu einem festen Bestandteil macht (...)." (Z.292-293)	
K5 *Andere Wissensquellen zur kulturellen Heterogenität*			
5.1 private Auseinandersetzung	Alle Informationen, die Aufschluss darüber geben, wie die privaten Auseinandersetzungen mit kultureller Heterogenität der Befragten aussahen.	B1:„Ich schnappe mir so die Zeitschriften und gucke, wo kann ich da was für den Unterricht benutzen(...)" (Z.156-157)	
K6 *Selbsteinschätzung*	Alle Aussagen, die Auskunft darüber geben, ob die Befragten sich einen kompetenten Umgang mit kulturell heterogenen Schülergruppen zutrauen.	B1: Ja, ich traue mir den kompetenten Umgang zu, muss ich sagen." (Z.220) B2: „Ich bin da total selbstbewusst was das angeht." (Z.94)	
K7 *Lehrkräfte mit Migrationshintergrund*	Alle Informationen, die auf den Migrationshintergrund der Befragten Auskunft geben und welchen Einfluss dieser auf ihren Lehrberuf besitzt.	B1:„In dem Moment weiß ich, sie hat meinen kulturellen Hintergrund auf dem Schirm, die weiß da kommt jemand von wo anders her, aber wie hat die das denn aufgearbeitet? Total unangenehm." (Z.69-70)	

25

7. Analyse der Interviewergebnisse

7.1 Bedeutung kulturelle Heterogenität

Um den Einstieg in das Interview zu vereinfachen und den Untersuchungsgegenstand zu definieren, wurden die Studentinnen gefragt, was für sie kulturelle Heterogenität in der Schule bedeutet.

Beide verbinden die kulturelle Heterogenität einstimmig mit Vielfalt. So sagt B1, dass kulturelle Heterogenität für sie „(...) *ein ganz großes Synonym für Vielfalt, also irgendwas in seiner vielfältigsten Form im Schulalltag (...)"* (*Interview 1, Z.11-12*) darstellt und auch B2 umschreibt Heterogenität mit Vielseitigkeit: „... *dass jeder Schüler, jede Schülerin anders ist und kulturell gesehen, dass man eine kulturelle Vielfalt in der Klasse hat"(Interview 2, Z.12-12).* Die kulturelle Vielfalt bezieht B1 auf verschiedene Ethnien, aber sie fasst den Begriff noch weiter: „(...) *alles was die Schüler und Schülerinnen in den Unterricht einbringen ist eben Heterogenität"* (*Interview 2, Z.15-16).* Auch bei B1 wird klar, dass es sich bei kultureller Heterogenität um Schüler/innen mit Migrationshintergrund handelt: „*Schüler, die abweichen von der deutschen Sprache und irgendeinen Teil ihres Hintergrundes mitbringen" (Interview1, Z.15-16).* Die Befragten beziehen die kulturelle Heterogenität zwar primär auf den Migrationshintergrund, doch bei ihren weiteren Erläuterungen wird erkennbar, dass aus dem Migrationshintergrund eine Identität resultiert, die die Schüler/innen mitbringen. Für B1 ist diese Identität geprägt vom sozioökonomischen Status, der Kultur und der Sprache. B1 erklärt, dass Familien mit Migrationshintergrund oder aus einem anderen kulturellen Kreis tendenziell einen schwächeren sozioökonomischen Status hätten, was bedeutet, dass ihnen weniger Kapital zur Verfügung stünde und somit weniger Mittel und Ressourcen für die Unterstützung des Kindes in der Schule. Es fällt auf, dass B1 einen Zusammenhang zwischen dem familiären Kontext der Schüler/innen und ihren Schulleistungen sieht. Der familiäre Kontext bezieht sich für B1 darauf, ob die Schüler/innen einen Migrationshintergrund mitbringen, ob die Familien mit sozialem oder ökonomischem Problem zu kämpfen haben und infolge dessen, inwieweit die Schüler/innen elterliche Unterstützung erfahren (vgl. Kapitel 2.1). Darüber hinaus bedeutet kulturelle Vielfalt für B1 das Berücksichtigen dieser kulturellen Identität, weil sie aus eigener Erfahrung berichtet: „(...) *so, wie krass hat unser kultureller Hintergrund unsere Identität geprägt?" (Interview 1, Z.27-28).* Auch B2 bringt diesen Punkt ein: „(...) *das kann alles Mögliche sein, also Traditionen, Normen, mit denen man aufgewachsen ist (...)" (Interview 2, Z.15-16).* An dieser Stelle machen die Befragten darauf aufmerksam, dass die kulturelle Heterogenität der Schüler/innen nicht bloß auf ihren Migrationsstatus zu reduzieren ist, sondern eine Anerkennung der kulturellen Identität der

Schüler/innen erfolgen muss, die mit einschließt, mit welcher Sprache, Normen, Werten und Traditionen sie aufgewachsen sind und inwieweit sie dies geprägt hat. Für B1 spielt zusätzlich der sozioökonomische Status der Schüler/innen eine Rolle, weil von diesem abhängt, inwieweit die Eltern in der Lage sind ihre Kinder unterstützen zu können.

7.2 Anforderungen und Aufgaben der Lehrkraft

Nachdem der Untersuchungsgegenstand definiert wurde, konnte zur nächsten Frage übergeleitet werden, welche Aufgaben und Anforderungen sich aus der kulturell heterogenen Schülerschaft für die Lehramtsanwärterinnen ergeben. Beide Befragten sind in der Lage gezielt mehrere Aufgaben und Anforderungen für sich selbst zu formulieren. Dabei fällt auf, dass die Befragten sich über die sozialen und kulturellen Lebensbedingungen, wie etwaige Benachteiligungen, bewusst sind, doch sie sind bereit in ihrer Aufgabenformulierung einen Weg finden, um den kulturell heterogenen Schülergruppen entgegenzutreten.

Die Aufgaben und Anforderungen die B1 beschreibt, sind zum einen allen Schüler/innen gerecht zu werden, die sozioökonomisch benachteiligt sind und auch denjenigen, denen es sozioökonomisch gut geht. Das Wissen über den sozioökonomischen Status zieht die Befragte aus den Sozialwissenschaften, da dieses Thema dort oft behandelt wird. Zum anderen zieht sie das Wissen über den Zusammenhang zwischen Kindern mit Migrationshintergrund und ihre sozioökonomische Benachteiligung aus den letzten beiden PISA Studien (Kapitel 5.1). Aus diesem Wissen über die unterschiedlichen sozialen Ausgangsbedingungen von Schüler/innen schlussfolgert die Befragte, allen Schüler/innen unabhängig ihrer sozioökonomischen Lage gerecht zu werden. Die kulturelle Identität der Schüler/innen spielt eine entscheidende Rolle für B1, deshalb bringt sie als nächste Anforderung ein, dass Lehrer/innen ein angemessenes Maß an Wertschätzung der kulturellen Identität der Schüler/innen finden müssen: „ (...) das ist glaube ich, was jeder Lehrer für sich selbst individuell finden muss, auf der einen Seite Wertschätzung und auf der anderen Seite aber bloß nicht zu sehr in den Mittelpunkt stellen" (Interview 1, Z.62-64). Die Wertschätzung der kulturellen Identität der Schüler/innen stellt insofern eine Anforderung dar, da der Befragten in ihrer Schulzeit eine unangenehme Form der Wertschätzung entgegengebracht wurde. Dabei ging es darum, dass sie im Politikunterricht, beim Durchgehen der aktuellen Nachrichten jedes Mal beim Thema Afghanistan, ihrem Heimatland, aufgefordert wurde, zu berichten was passiert sei. Diese Situation stellt klassisches „Othering" dar und die Befragte kritisiert, dass ihre Lehrerin zwar ihre kulturelle Identität wahrgenommen hatte, doch dass sie als Einzige so sehr in den Mittelpunkt gerückt wurde, war ihr unangenehm. Aus dieser Erfahrung heraus formuliert die Befragte einen richtigen Grad an Wertschätzung zu finden, der die kulturelle

Identität der Schüler/innen aufarbeitet, jedoch nicht zu viel. Des Weiteren verlangt B1: „(...)
jeden Schüler in seiner Ganzheit aufzunehmen und in seiner Ganzheit nach seinen Möglich-
keiten zu fördern und dazu gehört deren Identität und dazu gehört die Sprache" (Interview
1, Z.83-85). Bei diesem Punkt den B1 nennt, geht es um viel mehr als die individuelle Anerkennung der Schüler/innen samt ihrer kulturellen Identität, es geht auch darum, allen Schü-
ler/innen, ungleich ihrer sozialen, ethnischen oder kulturellen Herkunft, den bestmöglichen
Bildungserfolg zu ermöglichen, die Teilhabe aller zu fördern und sie anhand entsprechender
Unterstützungsmaßnahmen zu involvieren. Aus der Aussage von B1 wird auch deutlich, dass
die individuelle Betrachtung der Schüler/innen eine wichtige Rolle spielt. Die Zielklarheit
der Befragten deckt sich mit den Vorgaben des Landes für Lehrer/innen (Kapitel 4.1). Auch
B2 spricht Aufgaben und Anforderungen an, die sich in den Beschlüssen wiederfinden lassen: *"Flexibilität, also ich als Lehrerin, die vor einer heterogenen Klasse steht, muss flexibel*
sein und auch offen sein, sich auf alles einzulassen was jeder einzelne Schüler oder jede
einzelne Schülerin in den Unterricht miteinbringt" (Interview2, Z.19-21). Die Befragte
nennt hier grundlegende Ziele der interkulturell migrationspädagogischen Überlegungen,
flexibel und offen auf die Bildungssituation mit kulturell, sprachlichen und ethnische Schülergruppen zu reagieren (Kapitel 3.2). Die Befragte macht mit ihrer Aussage deutlich, dass
die sich im Wandel befindende Bildungslandschaft ständig neue Antworten verlangt, auf die
sie mit Flexibilität und Offenheit reagieren möchte. Auch sie möchte ihre Schüler/innen in
ihrer Ganzheit aufnehmen und möchte offen für alles sein was sie mitbringen. Als weitere
Aufgabe äußert sie keine Vorurteile zu besitzen. B2 ist sich zwar bewusst, dass diese in
einem verankert sind, doch sie sagt auch, dass versucht werden sollte diese abzuschalten.
Eine wesentliche Aufgabe pädagogischen Könnens ist die Eigenschaft seine eigenen Vorurteile und Deutungsmuster kritisch zu reflektieren und diese zu vermeiden. Dieses reflektierte
Bewusstsein über die eigenen Vorurteile kann der Befragten helfen, ihre eigenen Aufgaben
und Anforderungen zu erreichen und ist, wie alle anderen genannten Aufgaben und Anforderungen auch, ein Schritt in Richtung „Schule der Vielfalt" (Kapitel 3.2).

7.3 Die universitäre Lehramtsausbildung

Um die Frage dieser Arbeit zu beantworten, wurden die Interviewten gebeten, über die Lehrveranstaltungen zu berichten, aus denen sie Wissensquellen über kulturelle Heterogenität
beziehen. Die Befragten beziehen durchaus Theoriewissen und Methodenkompetenzen aus
den universitären Lehrveranstaltungen. Kulturelle Heterogenität und Heterogenität im Allgemeinen haben durchaus an Beachtung gewonnen in den Lehrveranstaltungen und wurden
auch von den Befragten wahrgenommen. Dabei fällt auf, dass kulturelle Heterogenität in den

Bildungswissenschaften, aber auch als Querschnittsaufgabe in den Fachdidaktiken und Fachwissenschaften verankert ist, wie in Englisch und in den Sozialwissenschaften. Während der Wissenserwerb der Befragten viele Anforderungen für eine Schülerschaft bestehend aus heterogenen Schülergruppen deckt und Diversität als Regelfall anerkennt, äußern die Befragten dennoch Kritik über die Lehramtsausbildung bezogen auf den Umgang mit Heterogenität. B2 berichtet über ihre universitäre Ausbildung, dass in den Lehrveranstaltungen vor allem der Erwerb von Theoriewissen stattgefunden hat: *„Ich kann aufgrund der Lehrveranstaltungen Heterogenität definieren, ich weiß, welche Arten es gibt, ich kenne Fallbeispiele davon und ich kenne auch bestimmte Theorien, aber wie ich damit umgehe, das lerne ich nicht"* *(Interview 2, Z.40-42)*. Die Befragte besitzt das nötige Theoriewissen über die verschiedenen Ausprägungen von Heterogenität und ist in der Lage, diese zu erkennen, doch in der Kritik der Befragten wird deutlich, dass der professionelle Umgang mit Heterogenität nicht gelehrt werden kann. Von der Befragten wird ein konkretes Handlungswissen gewünscht, wie sie in bestimmten Situationen angemessen reagieren soll. Die Befragte hat Hintergrundinformationen über Heterogenität erworben, dennoch wünscht sie sich eine „Anleitung" für ihre Berufspraxis, um richtig zu handeln. Des Weiteren erklärt sie, dass ihr nicht beigebracht wurde, was sie tun oder lassen soll im Umgang mit Heterogenität. Viel mehr schreibt die Befragte den Umgang mit Heterogenität der Lehrkraft selbst zu: *„ (...) das muss man schon selber mitbringen und das muss man in sich tragen"* *(Interview2, Z56-57)*. B2 hebt somit die besondere Position der Lehrkraft hervor und schreibt der Lehrkraft die Einstellung zu, mit Heterogenität umgehen zu können oder nicht. Die Befragte berichtet von einem der Seminare aus den Bildungswissenschaften, „Professioneller Umgang mit Heterogenität im Unterricht", und dass sie sich aus diesem erhofft den richtigen Umgang zu erlernen, doch sie ist sich auch bewusst, dass einem kein Leitfaden mitgegeben wird. Der professionelle Umgang mit Heterogenität stellt für die Befragte jenen dar, der niemanden in seinen Normen und Werten verletzt, doch die genaue Anleitung zum richtigen Handeln kann nicht mitgegeben werden. Bezüglich der Unterrichtsmethoden erklärt B2, dass Methoden erlernt wurden, um Unterrichtsmaterial zu differenzieren, doch wie sie mit kultureller Heterogenität umgehen soll, weiß sie nicht: *„ (...) aber Methoden zum richtigen Umgang wie ich mich präsentieren muss oder wie ich mich verhalten muss, das habe ich nicht gelernt, muss ich ehrlich sagen (Interview 2, Z.85-86)*. Die Befragte nennt somit ihren Wunsch nach konkreten Umgangsformen für kulturelle heterogene Schülergruppen. In dieser Hinsicht hat B1 andere Erfahrungen an der Universität gemacht. B1 antwortet, dass die universitäre Ausbildung bezogen auf kulturelle Heterogenität zwar gering war, dass jedoch einige Methoden angeeignet werden konnten. Einer der Methoden, die sie aus der Fachdidaktik

Sozialwissenschaft, aus dem Seminar „Krieg und Frieden", gezogen hat, ist die sensible und professionelle Bearbeitung des Konflikts zwischen der westlichen Welt und dem Nahen Osten. Der Befragten ist bewusst, dass diese Thematik einen sensiblen Umgang benötigt, vor allem weil Schüler/innen aus diesen Ländern in ihrer Klasse vertreten sein können: *"(...) ey, was, wenn du da Schüler hast, die kommen aus Palästina, was, wenn du da Schüler hast aus Afghanistan?"(Interview1, Z.137-138).* Dieses Thema sensibel zu bearbeiten, ohne Schüler/innen aus diesen Nationen nahe zu treten, hat B1 im Gegensatz zu B2 in den Lehrveranstaltungen in Erfahrung bringen können. Gründe für die unterschiedlichen Wissenserwerbe können sein, dass die Wahl der Lehrveranstaltungen zum Teil den Studierenden selbst obliegt und zum Teil abhängig davon ist, ob sie den gewünschten Seminarplatz erhalten oder doch ein anderes Seminar belegen müssen, weil sie sonst keines bekommen haben. B1 meint zudem, dass neben dem Seminar aus den Sozialwissenschaften, das Seminar „Inclusive Teaching" in Englisch für sie prägend war. Hier fällt auch auf, dass kulturelle Heterogenität als Querschnittsaufgabe in den Fachdidaktiken und Fachwissenschaften verankert ist und nicht bloß in den Bildungswissenschaften. Bei der Nennung der angeeigneten Methoden fällt vor allem auf, dass B1 schülerorientiert denkt, so sagt sie: *"Im Endeffekt das machen wir ja als Lehrer, du reagierst ja auf deine Schüler, das heißt, wenn die dir heute eine Möglichkeit geben irgendwie was an der Sprache oder Kultur da irgendwie was anzuknüpfen da reagierst du darauf (...)"(Interview 1, Z.124-127).* Für die Lehrkraft ist eine entscheidende Methode, mit dem zu arbeiten, was die Schüler/innen mitbringen, das heißt ihre Sprache und Kultur als Ressource anzusehen. In der Ausländerpädagogik wurden die vorhandenen sprachlichen Kenntnisse der Schüler/innen ignoriert und als „normabweichend" betrachtet, doch B1 weist interkulturell pädagogische Ansätze auf, den anderskulturellen Hintergrund wertzuschätzen und aus diesem eine Ressource zu schöpfen (vgl. Kapitel 3.2). Es erleichtert nicht nur die Miteinbeziehung aller Schüler/innen, sondern schätzt sie in ihrer Identität und fördert die Beibehaltung dieser. Weitere Methoden, die B1 nennt, ist eine „Kultur-Woche" zu veranstalten, bei dem die Sprache, Musik und das Essen einer Nation vorgestellt werden. Die Befragte knüpft somit an der Lebenswelt ihrer Schüler/innen an: *„(...) das ist ja deren Welt, deren Realität und die wird dann praktisch so in den Klassenraum gemacht"(Interview1, Z.181-182).* Diese Methode hat die Befragte ebenfalls aus dem Seminar „Inclusive Teaching" und sie erklärt, dass es sich mit jeder Nationalität veranstalten lässt. Als nächste Methode zählt sie die Behandlung von literarischen Texten oder Gedichten aus anderen Sprachen auf und gibt dazu folgendes Beispiel: *"(...) es gibt ja in jedem Land Romeo und Julia, das gibt es ja in allen möglichen Sprachen (...)"(Interview 1, Z.183).* Mit der Behandlung von literarischen Texten aus allen Sprachen, die im Klassenraum herrschen, knüpft B1 an der Sprache der Schüler/innen an und fördert die Teilhabe aller. Durch die verschiedenen kulturellen Beiträge erhalten die Kinder die Möglichkeit, auch mal ihr Herkunftsland im Unterricht zu repräsentieren. So können die Gedichte oder Texte nicht nur auf verschiedenen Sprachen angehört werden, sondern auch in andere Sprachen übersetz werden. Der methodische Ansatz unterliegt hier der Koordination von Muttersprachen- und Zweitsprachenunterricht. Bei B1 wird deutlich, dass ihr die Wertschätzung der kulturellen Identität der Schüler/innen wichtig ist und diese als Ressource zu betrachten und in den Unterricht zu integrieren.

B1 wählt außerdem noch das Positionskärtchen „Die Lehrveranstaltungen an der Universität zu Köln behandeln das Thema Heterogenität mangelhaft." Hierzu führt sie an, dass in den zwei genannten Seminaren die Thematik zufriedenstellend behandelt wurden, doch dass in ihren Lehrveranstaltungen überhaupt kulturelle Heterogenität Beachtung fand, schreibt die Befragte ihrer Fächerkombination zu: „(...) ich muss sagen, ich spreche für jemanden der Englisch und Sowi hat, das sind natürlich zwei Fächer in denen spielen kulturelle Heterogenität eine wichtige Rolle (Interview 1, Z.288-290). Die Befragte stellt infrage, ob es nicht Schulform sowie Unterrichtsfach abhängig ist, ob jemand überhaupt auf die Thematik trifft. Deshalb stellt sie den Wunsch nach einer Pflichtverankerung des Moduls: „Ich würde mir an der Stelle schon wünschen, dass man grundsätzlich Heterogenität ähnlich wie Inklusion zu einem festen Bestandteil macht" (Interview 1, Z.293-294). B1 macht hier auf einen wichtigen Punkt aufmerksam, das Thema kulturelle Heterogenität oder Heterogenität im Allgemeinen ist nicht verpflichtend zu belegen, es handelt sich um kein Pflichtmodul (Kapitel 4.3). Wie bereits erwähnt, sind die Lehrveranstaltungen frei wählbar und es hängt zusätzlich davon ab, ob jemand in das gewünschte Seminar kommt oder nicht. Im Falle einer Pflichtverankerung würden die Studierenden zwingend auf diese Thematik treffen, Wissen als auch Sicherheit erlangen, um kulturell heterogenen Schülergruppen zu begegnen. Abschließend wertet B1 die universitäre Ausbildung zwar nicht als mangelhaft doch äußert: „Da ist auf jeden Fall Luft nach oben" (Interview 1, Z.299). In ihrem Bachelorstudiengang ist die B1 in lediglich zwei Seminaren auf die Behandlung von kultureller Heterogenität gestoßen, was verhältnismäßig keinen großen Anteil ausmacht. Zusammenfassend ergibt die Befragung, dass die Studierenden bezogen auf kulturelle Heterogenität Wissen und Methoden erworben haben, diesen Erwerb aber als zu gering einstufen. Dies kann durch die querschnittartige Verankerung erklärt werden und das gerade an der UzK Interkulturelle Bildung als Option frei wählbar ist. Wie bereits in Kapitel 3.3 genannt und anhand der Interviews erneut feststellbar, ist Interkulturelle Bildung im Lehramt nicht weitreichend implementiert. Für B1 stellt der Umgang mit kultureller Heterogenität nichts dar, was erlernt werden kann, sondern viel mehr eine Einstellung, die mitgebracht werden muss. Jedoch ist zu beachten, dass Einstellungen erwerbbar sind und eine Sensibilisierung oder zumindest eine erste Annäherung an die Thematik in universitären Seminaren erfolgen kann. Bei B1 ist der Wunsch nach einer Pflichtverankerung des Moduls deutlich geworden.

7.4 Die private Auseinandersetzung

Nachdem die Studierenden über ihre universitäre Ausbildung berichtet haben, wurde gefragt, ob sie auch andere Wissensquellen beziehen, aus persönlichen Erfahrungen oder dem Nebenjob beispielsweise. Beide Befragten setzen sich auch privat mit dem Thema auseinander und bewerten die private Auseinandersetzung sogar als hilfreicher.

B1 beschäftigt sich privat mit einer Zeitung namens „Katapult", die sie abonniert hat. Diese liefert aktuelle, politische Themen in vereinfachter und leicht satirischer Form: " *Ich schnappe mir so die Zeitschriften und gucke, wo kann ich da was für den Unterricht benutzen" (Interview 1, Z.155-157).* Privat sucht die Befragte nach „eye-catcher" Schlagzeilen, um diese dann als Unterrichtseinstieg zu verwenden. Als weitere Wissensquelle nennt sie das Bundesamt für politische Bildung und empfiehlt es allen Lehrer/innen: *"Sollte sich jeder Sowi Lehrer angucken oder auch jeder andere Lehrer, der was Sinnvolles beitragen will. "* Abschließend bewertet sie ihre privaten Wissensquellen als hilfreicher: *„Ich finde sogar die zwei Dinge haben mir bisschen mehr gebracht (Interview 1, Z.160).*

B2 bewertet die private Auseinandersetzung sogar als einzige Erfahrungsquelle mit kultureller Heterogenität: *"Ja, also eigentlich beziehe ich meine Erfahrungen nur aus privaten Erlebnissen, das ist es ja" (Interview 2, Z.62-63).* Ihre Seminare zu Heterogenität an der Universität wählt die Befragte, weil dieses Thema interessant für sie ist. Die Befragte hebt wieder hervor, dass in der Universität zwar Theorien gelernt werden, doch das heißt nicht, dass diese auch im Alltag angewandt werden können. Die private Auseinandersetzung bedeutet für sie im Alltag zu lernen, wie mit Toleranz, Intoleranz, Akzeptanz oder Inakzeptanz umgegangen werden kann: *„Das Leben ist eigentlich ein ganz großer Unterricht" (Interview 2, Z.70).* Wie B2 schon vorher zum Umgang mit kultureller Heterogenität aussagte, ist es nichts was einem beigebracht werden kann, sondern viel mehr etwas, was mitgebracht und erlebt werden muss.

Die Studierenden zeigen, dass wenn die universitäre Lehrveranstaltung nicht genügt, durchaus Möglichkeiten zur privaten Auseinandersetzung mit kultureller Heterogenität existieren. Auffallend ist, dass die Befragten die nötige Bereitschaft mitbringen, um sich auch in ihrer

Freizeit mit dem Beschaffen von potenziellem Unterrichtsmaterial zu beschäftigen oder sich Umgangsformen aneignen.

7.5 Eine Herausforderung wie auch eine Bereicherung

Neben der Frage, wie die Studierenden an der Universität auf die kulturelle Heterogenität vorbereitet werden, ist die zweite Fragestellung dieser Arbeit, welche Einstellung sie zur kulturellen Heterogenität besitzen. Eine Einstellung, kann sich in Zuneigung oder Abneigung ausdrücken, diese wird erworben und ist nicht angeboren (vgl. Kapitel 2.2).

Die Lehramtsanwärterinnen betrachten die kulturelle Heterogenität zweifelsfrei als Bereicherung und dies wird im Verlauf der Interviews immer wieder von den Befragten genannt: *„Ja das man so einen direkten Zugang zu den anderen Kulturen hat, zu anderen Sprachen hat vielleicht auch zu anderem Essen (...)" (Interview 1, Z.110-112)*. Ähnlich antwortet B2: *„Ich glaube man ist eher dankbar dafür, dass so viel Vielfalt in einem Raum herrscht, weil dann jeder einen anderen Beitrag leisten kann" (Interview 2, Z.162-163)*. B1 sieht die Bereicherung der kulturellen Heterogenität darin, dass durch die Vielfalt Zugänge zu anderen kulturellen Lebenswelten geschaffen werden und für B2 liegt der Mehrwert für den Unterricht, dass die Lehr- und Lernprozesse durch die Vielfalt bereichert werden. Der Zugang zu einer Vielfalt von Kulturen ermöglicht auch das Vermitteln der Interkulturellen Kompetenz, laut B1 liegt der Mehrwert der vielfältigen Kulturen auch darin: *„Wie soll man interkulturelle Kompetenz besser an den Mann bringen, dass man eine Klasse hat mit vielfältigen kulturellen Identitäten(...)" (Interview 1, Z.106-107)*. Diese positive Einstellung gegenüber der kulturellen Heterogenität schließt nicht aus, dass die Arbeit mit kulturell heterogenen Schülergruppen herausfordernd sein kann. In Kapitel 7.2 charakterisierte B1 die Aufgaben, ihren Schüler/innen gerecht zu werden und sie in ihrer kulturellen Identität zu schätzen, gleichzeitig auch als Herausforderung. Auch B2 nennt als Herausforderung: *„(...) ich muss in der Lage sein meine Werte runterzustellen und nicht die eben über die Schüler zu stellen, damit sich halt jeder in meinem Klassenraum willkommen fühlt" (Interview 2, Z.31-32)*. Aus dieser Aussage lässt sich auch wie bei B1 ableiten, dass B2 ihren Schüler/innen gerecht werden will, sich an ihre Schüler/innen orientiert, um die Teilhabe alle Schüler/innen zu fördern und niemanden auszuschließen. Als weitere Herausforderung zählt B1 auf, dass es gerade bei Lehrer/innen, die sich in dieser Thematik nicht auskennen und wenig universitäre Vorbereitung erworben haben, zu Unsicherheiten im Umgang mit kulturell heterogenen Schülergruppen kommen kann. Laut B1 liegt die Herausforderung für alle Lehrer/innen, selbst für sie mit Migrationshintergrund darin, den Alltag der Schüler/innen, die Kultur und die Lebenswelt zu kennen. Als weitere Herausforderung nennt B1, dass wenn die elterliche

Unterstützung fehlt, beispielsweise durch mangelnde Deutschkenntnisse, die Lehrkraft sehen muss, welche Möglichkeiten für die Schüler/innen bereitgestellt werden können. Hier wird klar, dass selbst wenn die Befragte eine Herausforderung erkennt, sie gleichzeitig für sich selbst eine Aufgabe formuliert, um der Herausforderung entgegen treten zu können. Daraus lässt sich schließen, dass eine positive Einstellung gegenüber der kulturell heterogenen Schülergruppen beim Angehen von Herausforderungen hilfreich sein kann.

Darüber hinaus bejahten beide Studierenden das Positionskärtchen „Heterogenität der Schülerschaft ist Normalfall an der Schule". Beide nehmen die Heterogenität im Schulalltag wahr, unabhängig von der Kultur der Schüler/innen: *"Also ich gehe dabei auch nicht speziell auf eine Art der Heterogenität ein, Heterogenität im Allgemeinen ist immer da in jeder Gruppe und das feiere ich" (Interview 2, Z.105).* Genauso antwortet auch B1: *"Auf jedenfall also ich finde selbst, wenn du eine Gruppe von zwei Deutschen hast (lacht) die Deutsch als Muttersprache haben, selbst das ist heterogen (Interview 1, Z.272-273).* Nicht nur bezogen auf die Kultur, Heterogenität zeigt sich für die Studierenden in den unterschiedlichsten Formen, wie jemand liest, lernt oder Dinge aufnimmt. Es wird kein Unterschied vorgenommen zwischen Menschen mit und ohne Migrationshintergrund. Die Heterogenität als Normalfall anzuerkennen ist genau wie die positive Einstellung der Lehramtsanwärter/innen grundlegend, um die Herausforderungen des Schulalltags bewältigen zu können. Der Lehrkraft wird hierbei geradezu die wichtigste Rolle zugesprochen, um Raum für Veränderungen zu schaffen. Auf kulturell heterogene Schülergruppen positiv eingestellt zu sein, kann Diskriminierungen eliminieren, Chancengleichheit fördern und allen Schüler/innen eine wohlfühlende Atmosphäre in der Schule bieten. Die positive Einstellung gebündelt mit dem Wissen über kulturell heterogene Schülergruppen, wie welche Begabungen oder Benachteiligungen sie mit sich bringen, wie diese gefördert oder unterstützt werden können durch Methoden, kann auch der Lehrkraft die nötige Sicherheit geben, um einen kompetenten und professionellen Umgang zu führen.

7.6 Selbsteinschätzung

Abschließend wurden die Lehramtsanwärterinnen gefragt, ob sie sich einen kompetenten Umgang mit kulturell heterogenen Schülergruppen zutrauen. Auch hier antworteten sie einstimmig, dass sie sich den kompetenten Umgang zutrauen. B2 traut sich den kompetenten Umgang zu und begründet dies, indem sie sich mit ihrer Schülergruppe identifiziert: *„Wenn ich Angst davor hätte vor einer kulturell heterogenen Schülergruppe zu stellen, dann müsste ich auch ein Stück weit Angst vor mir selbst haben, weil ich ja auch heterogen bin (...)"(Interview 2, Z.91-93).* Die Befragte erkennt Heterogenität als Regelfall an und identifiziert sich selbst als heterogen und somit zugehörig zu ihrer Schülerschaft. Außerdem äußert sie, dass sie selbstbewusst ist, was den Umgang angeht. Genau wie die Einstellung, der kulturell heterogenen Schülergruppen positiv gegenüber zu stehen, ist es genauso wichtig, sich als Lehrperson über seine eigenen Stärken bewusst zu werden und selbstbewusst diese einsetzen zu können. B1 traut sich den Umgang mit kulturell heterogenen Schülergruppen ebenfalls zu und ist auch optimistisch gegenüber den Herausforderungen: *„Ich traue mir den Umgang zu, ich weiß aber auch, dass es zu Schwierigkeiten kommen kann, die man aber, finde ich, immer behandeln kann."* *(Interview 1, Z.231-232).* Selbst dass es zu Herausforderungen kommen kann, wird von der Befragten abgeschwächt, indem sie als Lehrkraft offen eingestellt dafür ist, Probleme anzugehen. B1 formuliert auch hier wieder konkrete Aufgaben für sich, in der sie es als zentrale Aufgabe der Lehrkraft betrachtet sich mit ihren Schüler/innen und deren Identität zu befassen: *"Das aller, allerwichtigste ist immer die eigene Lerngruppe gut zu kennen (...)"* *(Interview1 ,Z.220-221).* Laut der Befragten traut sie sich den kompetenten Umgang zu und sie hebt die Wichtigkeit hervor, die Identität seiner Schüler/innen zu kennen. Das Wissen über die Lebenswelt der Schüler/innen, die Sprache, Traditionen, Normen, Werte aber auch sozioökonomische Ausgangsbedingungen wurden bereits in Kapitel 7.1 behandelt. B1 fügt noch hinzu, dass wenn sich ihre Schüler/innen nicht miteingebunden fühlen, dass es ihre zentrale Aufgabe ist, dies zu ändern. Immer wieder fällt auf, dass beide Befragten an sich selbst Aufgaben stellen, um der kulturellen Heterogenität oder der Heterogenität im Allgemeinen gerecht zu werden. Dies macht deutlich, dass beide eine Vorstellung besitzen, was auf die sie zu kommt und in der Lage sind den Schulalltag mit ihrer Einstellung und ihrem Selbstbewusstsein gerecht zu werden.

Der Lehrkraft werden angesichts der von Vielfalt geprägten Bildungslandschaft hohe Anforderungen zugesprochen, die nur zum Teil in universitären Lehrveranstaltungen thematisiert werden. Doch die Befragungen stellten einstimmig heraus, dass die positive Einstellung der Lehramtsanwärterinnen ihnen dabei helfen kann, kulturell heterogenen Schülergruppen selbstbewusst gegenüber zu treten und sich den Herausforderungen zu stellen. Dennoch ist eine wissenschaftliche Auseinandersetzung mit dem Thema, von universitärer Seite aus oder privat, unabdingbar, denn das theoretische Wissen wie auch die Methoden, welche die Lehramtsanwärterinnen aus ihren Lehrveranstaltungen oder ihren privaten Auseinandersetzungen erworben haben, dienen als Grundlage für einen sensibilisierten und kompetenten Umgang, aber auch um gezielte Aufgaben für sich als Lehrkraft zu formulieren. Neben der positiven Einstellung gegenüber kulturell heterogenen Schülergruppen existiert bei beiden

Studierenden die nötige Bereitschaft, sich mit der Thematik auseinanderzusetzen, auch in der Freizeit.

7.7 Lehrerkräfte mit Migrationshintergrund

Ein wesentlicher Kriterienpunkt bei der Auswahl der Lehramtsanwärterinnen war jene zu wählen, die einen Migrationshintergrund besitzen. Die Studierende haben im Interview herausgestellt, dass ihr Migrationshintergrund ihnen Kenntnisse und ein ausgeprägtes Verständnis für die Situationen von Schüler/innen und Eltern mit Migrationshintergrund verleiht (Kapitel 6.2). In den beiden Interviews schwingen die Einflüsse des Migrationshintergrunds der Befragten immer wieder mit. So zeigt sich Vielfalt nicht nur in der Schülerschaft, sondern auch in der Zusammensetzung der Lehrkräfte. Es wird deutlich, dass ihre eigene Migrationsgeschichte zum einen dazu dient sich mit der heterogenen Schülerschaft zu identifizieren, zum anderen verschafft es ihnen ein gewissen „Wissensvorsprung" über die Lebenswelt der Schüler/innen und der Eltern mit Migrationshintergrund. Die Einflüsse des Migrationshintergrundes der Lehramtsanwärter/innen können zu Gunsten ihrer künftigen Schüler/innen angewendet werden. Während B1 aufgrund ihrer Erfahrungen mit ihrem Migrationshintergrund gezielt Aufgaben für sich konzipiert, wie zum Beispiel die kulturelle Identität ihrer Schüler/innen in einem angemessenen Grad wertzuschätzen (Kapitel 7.2), dient der Migrationshintergrund von B2 ihr sich als heterogen, wie ihre Schüler/innen zu identifizieren.

Beide Befragten wählten das Positionskärtchen „kulturell heterogenen Schülergruppen mangelt es an elterlicher Unterstützung" und nahmen unterschiedlich Stellung dazu. Für B1 heißt es, dass unter Umständen die Eltern mit Migrationshintergrund ihren Kindern nicht immer helfen können aufgrund fehlender Deutschkenntnisse: „ (...) ist ja auch nicht immer negativ, es kann ja sein, dass die Eltern nicht immer helfen können, weil die nicht deutsch sprechen"(Interview 1, Z.252-253). B1 schlussfolgert, dass sie es sich umso mehr zur Aufgabe macht diese Kinder zu unterstützen. B2 sieht die Ursache der fehlenden elterlichen Unterstützung nicht in der Kultur liegen: „ (...) da ist die Kultur egal das kann in jeder Familie der Fall sein." (Interview 2, Z.134-135). Sie erzählt nämlich, dass sie trotz Migrationshintergrund elterliche Unterstützung erfahren hat, weshalb laut B2 fehlende elterliche Unterstützung nicht Kulturabhängig ist, sondern in jeder Familie auftreten kann. B2 macht hier auf einen entscheidenden pädagogischen Grundgedanken aufmerksam: Zwar ist in dieser Arbeit die Rede davon, die sozialen Ausgangsbedingungen von kulturell heterogenen Schülergruppen zu kennen, doch dabei darf nicht vergessen werden, dass jede/r Schüler/in auch in seiner Individualität betrachtet werden muss.

B1 wählte das Positionskärtchen „Lehrerinnen und Lehrer benötigen spezifisches Wissen zum Abbau bestehender Chancenungleichheit", sie bejahte die Aussage und sieht sich als Lehrkraft mit Migrationshintergrund im Vorteil was das spezifische Wissen über kulturell heterogene Schülergruppen angeht: *"(...) wir sind ja bisschen in der Welt drin wenn du jetzt Lehrer vor die hast die nichts mit dem Thema am Hut haben, woher sollen die sich das nehmen?"(Interview 1, Z.263-264).* Die Lehramtsanwärterin macht darauf aufmerksam, dass sie selbst durch den universitären Erwerb aber primär durch ihren Migrationshintergrund spezifisches Wissen besitzt, im Kontrast kann es durchaus Lehrkräfte geben, die weder privat noch universitär Wissen erworben haben und es ihnen an dieser Stelle fehlt. Der Migrationshintergrund von B1 hat ihr in ihrer Schulzeit zwar negative Erfahrungen bereitet, doch als künftige Lehrkraft kann sie von ihren Erfahrungen profitieren und dieses für eine Chancengleichheit der Schüler/innen einsetzen. Sie ist in der Lage die Perspektive der Schüler/innen mit Migrationshintergrund einzunehmen und erkennt, wo ihre Hindernisse liegen.

8. Diskussion

Anhand der durchgeführten qualitativen Interviews konnte ein Einblick gewonnen werden, wie die universitäre Vorbereitung für Lehramtsanwärter/innen an der UzK bezogen auf kulturelle Heterogenität vollzogen wird und welche Einstellung sie diesbezüglich besitzen. Sowohl in den theoretischen Grundlagen als auch in den Interviews wurde ersichtlich, dass den Lehrkräften eine bedeutende Rolle zukommt, in der Begegnung mit heterogenen Schülergruppen. Es sind nämlich die Lehrkräfte, die als Wegbereiter in eine Schule ohne jegliche Diskriminierung und Chancengerechtigkeit fungieren können. Lehrkräften kommt eine besonders hohe Verantwortung zu, über spezifisches Wissen und Kompetenzen zu verfügen, um allen Schüler/innen den bestmöglichen Bildungserfolg zu gewährleisten. Die Interviews haben gezeigt, dass die persönliche Einstellung der Lehramtsanwärter/innen, allen ihren Schüler/innen gerecht zu werden, einen wichtigen Beitrag für das professionelle Handeln von Lehrkräften leistet. Durch die Akzeptanz und positive Einstellung, die die Lehramtsanwärterinnen mitbringen, trauen sie sich selbstbewusst den kompetenten Umgang mit den kulturell heterogenen Schülergruppen zu. Selbst wenn in der universitäre Ausbildung Optimierungspotenzial besteht, so wird die kulturell heterogene Vielfalt als Bereicherung empfunden. Neben der positiven Einstellung gegenüber kulturell heterogenen Schülergruppen, bringen die Lehramtsanwärter/innen die nötige Bereitschaft mit, sich auch privat mit dieser Thematik auseinanderzusetzen. Heterogenität wird einstimmig von den Befragten als Normalfall anerkannt. Diese positive Einstellung ist erst das Fundament dazu, sich allen Schüler/innen anzunehmen, ganz gleich ihrer Sprache, Herkunft, Kultur oder Religion.

Die Interviews haben auch ergeben, dass sich für die Befragten der Begriff kulturelle Heterogenität nicht bloß auf den Migrationsstatus oder die Schichtzugehörigkeit einer Schüler/in bezieht, vielmehr sehen die Befragten eine Identität dahinter, geprägt von Traditionen, Sprache, Normen und Werten. Die Befragten äußerten beide, dass es diese Identität zu schätzen gilt. Diese Arbeit verfolgte die Annahme, dass vor allem in den Bildungswissenschaften das Thema Heterogenität bzw. kulturelle Heterogenität seine Verankerung finden würde, doch die Interviewergebnisse verdeutlichen, dass auch in den Fachdidaktiken und Fachwissenschaften kulturelle Heterogenität als Querschnittsaufgabe behandelt wird. Kulturelle Heterogenität und Heterogenität im Allgemeinen wird in der Universität behandelt, doch laut der Befragten nicht umfassend genug. Zumal wurde von B1 der konkrete Wunsch nach einer Pflichtverankerung des Moduls geäußert, B2 äußerte den Wunsch nach konkreten Umgangsformen in Bezug auf kulturell heterogene Schülergruppen. Des Weiteren wird von B2 bezweifelt, dass der professionelle Umgang gelehrt werden könne, weil es ihrer Ansicht nach eine Einstellung ist, die mitgebracht werden müsse. Es gilt zu beachten, dass Seminare an der Universität frei wählbar sind und es eine Frage der Platzvergabe ist, in welches Seminar jemand kommt und auf welche Thematik jemand stößt. Auch ist es eine Frage des Lehramts und der Unterrichtsfächer, inwieweit Kultur und Migration eine Rolle spielt. Die Lehrer/innenbildung müsste es mindestens leisten, allen künftigen Lehrer/innen, ganz gleich an welcher Schulform sie mal unterrichten werden, mit der Tatsache vertraut zu machen, dass sie mit einer kulturell heterogenen Schülerschaft rechnen müssen. Des Weiteren ergab die Befragung, dass die fehlende elterliche Unterstützung nicht als grundlegend negativ betrachtet wird. B1 profitiert von diesem Wissen, dass es Familien mit Migrationshintergrund gibt, die nicht in der Lage sind, ihre Kinder in der Schule zu unterstützen und betrachtet es als Aufgabe, diese Kinder anders zu fördern. Dass die elterliche Unterstützung fehlt, muss nicht immer der Fall sein und ist nicht Kulturabhängig, bestätigt B2. Als Lehrer/in schadet es dennoch nicht die sozialen Ausgangsbedingungen und die Lebenswelt seiner Schüler/innen zu kennen. Dabei ist es wichtig nicht zu verallgemeinern und abzuwerten, sondern seine Schüler/in individuell zu betrachten. Außerdem konnte festgestellt werden, dass eine private Auseinandersetzung mit kultureller Heterogenität durchaus als effektiver angesehen wird und Möglichkeiten zur Fortbildung auch außerhalb der Universität existieren. Wichtig ist, dass Lehrkräfte die nötige Bereitschaft mitbringen, ihre eigenen Kompetenzen zu reflektieren und sich bewusst darüber werden, wo ihre Wissenslücken bestehen.

Aus didaktischer Perspektive lässt sich schlussfolgern, dass zum einen die befragten Lehramtsanwärter/innen eine Vorstellung besitzen, wie sie mit der kulturell heterogenen

Schülerschaft umgehen sollen, doch zum anderen müssen sie für ihre Handlungspraxis auch dafür sensibilisiert werden, welchen Umgang sie möglichst vermeiden sollten. So kann beispielsweise aus gut gewollter Wertschätzung, „Othering" entstehen. Was grundlegend immer vermittelt werden sollte und jede Lehrkraft mitbringen muss, ist die Fähigkeit das pädagogische Handeln andauernd kritisch zu reflektieren bezogen auf Sichtweisen, Unterrichtsmethoden, Unterrichtsmaterial und Umgang mit Schüler/innen. Besonders in der Lehrer/innenausbildung sind solche reflexiven Auseinandersetzungen von Bedeutung, da den Studierenden als zukünftigen Akteuren in der Schule eine besondere Rolle in der Vergesellschaftung von Kindern und Jugendlichen zukommt (vgl. Steinbach 2016, S.286).

Zwar wurden die Experteninterviews bewusst mit Lehramtsanwärterinnen mit Migrationshintergrund geführt, doch die positive Einstellung gegenüber kulturell heterogenen Schülergruppen hätten genauso gut von Lehramtsanwärter/innen ohne Migrationshintergrund stammen können. Lehrkräfte ohne Migrationshintergrund verfolgen sicherlich auch die Intention all ihren Schüler/innen gerecht zu werden, sie wertzuschätzen, sie miteinzubeziehen und jedem den bestmöglichen Bildungserfolg zu gewährleisten.

Um die Frage dieser Arbeit beantworten zu können, war die Methodenwahl entscheidend. Der Fokus dieser Arbeit lag in der Rekonstruktion der subjektiven Wahrnehmung zum Thema universitäre Ausbildung und Einstellung zur kulturellen Heterogenität, weshalb sich die qualitative Herangehensweise eignete. Die qualitative Forschungsmethode ermöglicht zwar durch ihre Offenheit viele neue Erkenntnisse, doch diese Auswertungsmethode stößt an ihre Grenzen, wenn es um die Aussagen über die Verteilung und Repräsentativität ihrer Ergebnisse sowie nummerische Verallgemeinerungen, d. h. Verallgemeinerungen basierend auf Häufigkeiten geht (vgl. Rosenthal 2014, S.26). Dies bedeutet, dass die verwendete Methode keine Aussagen darüber machen kann, wie häufig in einer bestimmten Grundgesamtheit, z. B. aller in Deutschland studierenden Lehramtsanwärter/innen eine positive Einstellung zur kulturellen Heterogenität aufweisen oder wie häufig Lehramtsanwärter/innen sich ausreichend / unzureichend bezogen auf kulturelle Heterogenität ausgebildet fühlen. Dazu kommt, dass qualitative Studien nicht von der Häufigkeit des Auftretens auf gesellschaftliche relevante Phänomene schließen (vgl. ebd. S.27). Jedoch wurde insbesondere in dieser bearbeitenden Thematik klar, dass die Häufigkeit des Problems, die Ausbildung von Lehrkräften in Deutschland, nicht zum ersten Mal im Fokus der Kritik steht. Dazu kommt, dass mittels der homogenen Fallauswahl zwar ein detailreicher Einblick in das Phänomen gewonnen werden konnte (vgl. Schreier 2010, S.247), jedoch keine Vergleichsdimension identifiziert werden kann (vgl. Flick 2010).

9. Fazit und Ausblick

Hauptaugenmerk dieser Arbeit ist eine möglichst detailreiche Reproduktion der universitären Ausbildung von Studierenden an der UzK hinsichtlich kultureller Heterogenität und ihrer Einstellung zu erfahren.

Diese Arbeit stellte mehrfach heraus, dass die Begegnung mit kulturell heterogenen Schülergruppen den Normalfall im schulischen Alltag darstellt. Angesichts der Tatsache, dass alle Lehrer/innen jeder Schulart auf eine Schülerschaft geprägt von Vielfalt treffen werden, müssen Grundwissen und Methoden für einen professionellen und sensibilisierten Umgang durch verpflichtende Lehrveranstaltungen erworben werden. Ein derartiger Wissenserwerb könnte dazu führen, dass Schüler/innen nach ihren individuellen Voraussetzungen gefördert werden und die eine Chancengleichheit im Bildungssystem etabliert wird. Die Interviews ergaben, dass die Lehramtsanwärterinnen Heterogenität als Chance begreifen, worin bestätigt wird, dass sie die nötige Einstellung mitbringen, sich ihrer Schülerschaft anzunehmen. Auf der Grundlage der dargestellten Ergebnisse ist es eine Überlegung wert, die Interkulturelle Bildung für alle Lehrämter verpflichtend in den Modulhandbüchern zu verankern. Migrationsgesellschaftliche Fragestellungen und deren Reflexion sind an einigen Universitäten mehr, an anderen weniger fester Bestandteil der Lehre in der Lehramtsausbildung und damit der Auseinandersetzung zwischen Studierenden und Lehrenden. In Kapitel 4 wurde deutlich, dass die Intensität der Auseinandersetzung und die inhaltliche Ausgestaltung mit politischen Vorgaben zu Inhalten in den einzelnen Studiengängen zusammenhängen, auch mit der Umsetzung dieser Vorgaben innerhalb der Universität. Dass Heterogenität zu einem Pflichtmodul werden kann, zeigt die Universität Bremen. Für jene Lehrkräfte und Schulleiter, die bereits an Schulen unterrichten und den Anforderungen der Heterogenität gerecht werden möchten, müssen Angebote zur Weiterqualifizierung geboten werden (Roth/Wolfgarten 2016, S.139). Möglich wäre die Fort- und Weiterbildungen zum Thema Heterogenität an Hochschulen zu veranstalten, so dass Lehramtsanwärter/innen mit berufstätigen Lehrer/innen diese verpflichtend besuchen. Interessant wäre hierbei der gegenseitige Austausch zwischen berufstätigen Lehrkräften und Lehramtsanwärter/innen, wenn Herausforderungen aus dem Schulalltag im Seminar geteilt werden und gemeinsam mit Studierenden und Hochschullehrern mögliche Lösungswege konzipiert werden. Lehrer/innen sind nur Menschen und es gibt keine Anleitung für das richtige pädagogische Handeln in der Migrationsgesellschaft, doch durch die Aktualisierung der Aus- und Fortbildungsangebote für Lehrkräfte und der Bereitschaft diese in Anspruch zu nehmen, können erste Veränderungen bewirkt werden. Eine Aktualisierung des Lehrangebots kann selbstverständlich nicht in kürzester Zeit erreicht werden, doch die Bildungspolitik sollte, wenn auch nur schrittweise, die Ausbildung der Lehrkräfte stärker in den Fokus rücken.

10. Literatur- und Quellenverzeichnis

Asendorpf, Jens B.; Neyer, Franz J. (2012): Psychologie der Persönlichkeit. Berlin /Heidelberg: Springer.

Auernheimer, Georg (2004): Drei Jahrzehnte Interkulturelle Pädagogik – eine Bilanz. In: Karakasouglu, Yasemin, Lüddecke, Julian (Hrsg.): Migrationsforschung und Interkulturelle Pädagogik. Aktuelle Entwicklungen in Theorie, Empirie und Praxis. Münster: Waxmann, S.17-27.

BAMF Definition Migrationshintergrund. online im Internet: https://www.bamf.de/DE/Service/ServiceCenter/Glossar/_functions/glossar.html?nn=282918&cms_lv3=294952&cms_lv2=282966 (zuletzt abgerufen am 22.07.2020)

Baumert, Jürgen; Kunter, Mareike (2006): Stichwort: Professionelle Kompetenz von Lehrkräften. Zeitschrift für Erziehungswissenschaft, 9, S. 469-520.

Beschluss der Kultusministerkonferenz (2004): Standards für die Lehrerbildung: Bildungswissenschaften. online im Internet: https://www.kmk.org/fileadmin/veroeffentlichungen_beschluesse/2004/2004_12_16-Standards-Lehrerbildung.pdf (zuletzt abgerufen am: 20.07.2020)

Bourdieu, Pierre (1983): Ökonomisches Kapital, kulturelles Kapital, soziales Kapital. In: Kreckel, Reinard (Hrsg.): Soziale Ungleichheiten. Göttingen: Schwartz, S.183-198.

Bosse, Stefanie; Nadine, Spörer (2014): Erfassung der Einstellung und der Selbstwirksamkeit von Lehramtsstudierenden zum inklusiven Unterricht. Empirische Sonderpädagogik 6, S.279-299.

Bundesamt für Migration und Flüchtlinge (BAMF). Lehrkräfte mit Migrationshintergrund (2011) online im Internet: https://www.bamf.de/SharedDocs/Anlagen/DE/Integration/Integrationsprogramm/lehrkraefte-netzwerkaufbau.pdf?__blob=publicationFile&v=6 (zuletzt abgerufen am 20.07.2020)

DAS! -Gäste auf dem Roten Sofa (2020): Mit Journalistin Düzen Tekkal. NDR Radio & TV, 26.04.2020, in: https://www.ndr.de/fernsehen/sendungen/das/Norddeutschland-und-die-Welt,sendung1020014.html (zuletzt abgerufen am 20.07.2020)

Dogmus, Aysun; Karakasoglu, Yasemin (2016): Interkulturelle Bildung im Modul „Umgang mit Heterogenität in der Schule". Strukturelle Verankerung und konzeptionelle Strategien für den Professionalisierungsprozess von Lehramtsstudent*innen am Beispiel der Universität Bremen. In: Aysun, Dogmus, Karakasoglu, Yasemin, Mecheril, Paul (Hrsg.): Pädagogisches Können in der Migrationsgesellschaft. Wiesbaden: Springer Verlag, S.87-105.

Dresing, Thorsten; Pehl, Thorsten (2012): Praxisbuch Interview & Transkription. Regelsysteme und Anleitungen für qualitative ForscherInnen. Marburg: Eigenverlag.

Empfehlung von Hochschulrektorenkonferenz und Kultusministerkonferenz (2015): Lehrerbildung für eine Schule der Vielfalt. online im Internet: https://www.kmk.org/fileadmin/Dateien/veroeffentlichungen_beschluesse/2015/2015_03_12-Schule-der-Vielfalt.pdf (zuletzt abgerufen am 20.07.2020)

Fischer, Nele; Ehmke, Timo (2019): Überzeugung angehender Lehrkräfte zu sprachlich-kultureller Heterogenität in Schule und Unterricht. Zeitschrift für Erziehungswissenschaft 22, S.411-432.

Flick, Uwe (2010): Qualitative Forschung. 8. Auflage, Reinbeck bei Hamburg: Rowohlt.

Gläser, Jochen; Laudel, Grit (2009): Experteninterviews und qualitative Inhaltsanalyse als Instrument rekonstruierender Untersuchungen. Wiesbaden: VS Verlag für Sozialwissenschaften.

Gogolin, Ingrid (2004): Interkulturelle Pädagogik in der Lehrerbildung. Ein Beispiel für einen Reformansatz. In: Karakasouglu, Yasemin; Lüddecke, Julian (Hrsg.): Migrationsforschung und Interkulturelle Pädagogik: Aktuelle Entwicklungen in Theorie, Empirie und Praxis Münster: Waxmann, S.279-294.

Hiller, Gundula Gwenn (2011): Schlüsselqualifikation Interkulturelle Kompetenz- Ein Bildungsauftrag der deutschen Hochschulen? In: Dreyer, Wilfried; Hößler, Ulrich (Hrsg.): Perspektiven interkultureller Kompetenz. Göttingen: Vandenhoeck & Ruprecht, S.238-254.

Höld, Regina (2007): Zur Transkription von Audiodateien. In: Buber, Renate., Holzmüller, Hartmut M. (Hrsg.): Qualitative Marktforschung. Konzepte-Methoden-Analysen. Wiesbaden: Gabler Verlag, S. 657-667.

Interkulturelle Bildung und Erziehung in der Schule (1996/2013). online im Internet: https://www.kmk.org/fileadmin/veroeffentlichungen_beschluesse/1996/1996_10_25-Interkulturelle-Bildung.pdf (zuletzt abgerufen am 20.07.2020)

Ivanova, Alina (2020): Zeitgemäße Bildung von Lehrkräften in der Migrationsgesellschaft. Dominanzkritische Perspektiven auf interkulturelle Bildung. München: Springer.

Kiesel, Doron (2003): Von der Ausländerpädagogik zur Interkulturellen Erziehung. Zur erziehungswissenschaftlichen Rezeption der Zuwanderung in die Bundesrepublik Deutschland. online im Internet: https://www.lvr.de/media/wwwlvrde/jugend/beruns/politik_1/dokumente_53/20061129_11tejhk2vortragkiesel.pdf (zuletzt abgerufen am 20.07.2020)

Kleemann, Frank; Krähnke, Uwe; Matuschek, Ingo (Hrsg.) (2013): Interpretative Sozialforschung. Eine Einführung in die Praxis des Interpretierens. Wiesbaden: Springer Fachmedien.

Krüger Potratz, Marianne (2004): Ist die Interkulturelle Pädagogik in der Erziehungswissenschaft „angekommen?" In: Dogmus, Aysun; Karakasoglu, Yasemin; Mecheril, Paul (Hrsg.), Pädagogisches Können in der Migrationsgesellschaft. Wiesbaden: Springer Verlag, S.75-89.

Krüger-Potratz, Marianne (2011): Pädagogisches Handeln in der Eiwanderungsgesellschaft. In: Granato, Mona; Münk, Dieter; Weiß, Reinhold (Hrsg.), Migration als Chance. Ein Beitrag der beruflichen Bildung. Bielefeld: W. Bertelsmann, S.37-54.

Krüger-Potratz, Marianne (2016): Migration als Herausforderung für öffentliche Bildung. Ein Blick zurück nach vorn. In: Dogmus, Aysun; Karakasoglu, Yasemin; Mecheril, Paul (Hrsg.), Pädagogisches Können in der Migrationsgesellschaft. Wiesbaden: Springer Verlag, S.13-41.

Kuckartz, Udo (2007): Computergestützte Analyse qualitativer Daten. In: Buber, Renate; Holzmüller, Hartmut M (Hrsg.): Qualitative Marktforschung. Konzepte-Methoden-Analysen (S.713-730). Wiesbaden: Gabler Verlag.

Kultusministerkonferenz Beschluss. „Interkulturelle Bildung und Erziehung in der Schule" (1996/2013). online im Internet: https://www.kmk.org/fileadmin/veroeffentlichungen_beschluesse/1996/1996_10_25-Interkulturelle-Bildung.pdf (zuletzt abgerufen am 23.07.2020)

Landesbetrieb IT.NRW (2019). online im Internet: https://www.it.nrw/anteil-der-schuelerinnen-und-schueler-mit-zuwanderungsgeschichte-nrw-auf-369-prozent-gestiegen-97016 (zuletzt abgerufen am 22.07.2020)

Landwehr, Barbara (2017): Partizipation, Wissen und Motivation im Politikunterricht. Eine Interventionsstudie. Karlsruhe: Springer Verlag.

Lehramtszugangsverordnung NRW (2016). online im Internet: https://recht.nrw.de/lmi/owa/br_vbl_detail_text?anw_nr=6&vd_id=15620&vd_back=N211&sg=0&menu=1 (zuletzt abgerufen am 20.07.2020)

Mayring, Philipp. (2000). Qualitative Inhaltsanalyse. In: Forum Qualitative Sozialforschung, 1 (2). online im Internet: https://www.ph-freiburg.de/fileadmin/dateien/fakultaet3/sozialwissenschaft/Quasus/Volltexte/2-00mayring-d_qualitativeInhaltsanalyse.pdf (zuletzt abgerufen am 20.07.2020)

Mayring, Philipp. (2019). Qualitative Inhaltsanalyse. Abgrenzungen, Spielarten, Weiterentwicklungen. In: Forum Qualitative Sozialforschung Volume 20 No. 3. online im Internet: https://www.ssoar.info/ssoar/bitstream/handle/document/65393/ssoar-fqs-2019-3-mayring-Qualitative_Inhaltsanalyse_-_Abgrenzungen_Spielarten.pdf?sequence=1&isAllowed=y&lnkname=ssoar-fqs-2019-3-mayring-Qualitative_Inhaltsanalyse_-_Abgrenzungen_Spielarten.pdf (zuletzt abgerufen am 20.07.2020)

Mayring, Philipp; Gläser-Zirkuda, Michaela (2008): Die Praxis der Qualitativen Inhaltsanalyse. Weinheim und Basel: Beltzverlag.

Mayring; Phillipp (2010): Qualitative Inhaltsanalyse (S.601-612). In: In: Mey, Günter; Mruck, Katja (Hrsg.) Handbuch Qualitative Forschung in der Psychologie. Wiesbaden: Springer Fachmedien, S.601-612.

McElvany, Nele; Gebauer, Miriam; Bos, Wielfried et al. (2013): Sprachliche, kulturelle und soziale Heterogenität in der Schule als Herausforderung und Chance der Schulentwicklung. In: Jahrbuch der Schulentwicklung, Band 17, Weinheim und Basel: Beltz Juventa, S.191-216.

Modulhandbuch für alle Schulformen. (MHB_DaZ) DaZ Modul. Modulbeschreibung. Universität Köln. online im Internet: https://zfl.uni-koeln.de/studium/das-vierte-jahr/daz (zuletzt abgerufen am 22.07.2020).

Modulhandbuch Universität zu Köln. Bachelor of Arts Bildungswissenschaften Studiengang Lehramt an Haupt-, Real-, Sekundar-, und Gesamtschulen. online im Internet: https://www.hf.uni-koeln.de/data/hflehrestudium/File/Lehramt/HauptRealschule/UzK_HF_MHB_HRSGe_BA_BiWi_Fassung_PO_26.02.2016.pdf (zuletzt abgerufen am 20.07.2020)

Modulhandbuch Universität zu Köln. Master of Education Bildungswissenschaften Studien-gang Lehramt an Gymnasien und Gesamtschule. online im Internet: https://www.hf.uni-koeln.de/data/hflehrestudium/File/SSC_Paedagogik/Bildungswissenschaften/Modulhand-buecher/UzK_HF_MHB_GyGe_MEd_BiWi_20190703.pdf

Modulhandbuch Universität zu Köln. Master of Education Bildungswissenschaften Studien-gang Lehramt an Haupt-, Real-, Sekundar-, und Gesamtschulen. online im Internet: https://www.hf.uni-koeln.de/data/hflehrestudium/File/SSC_Paedagogik/Bildungswissen-schaften/Modulhandbuecher/UzK_HF_MHB_HRSGe_MEd_BiWi_20190703.pdf (zuletzt abgerufen am 20.07.2020)

Modulhandbuch. Bachelor of Arts Bildungswissenschaften Studiengang Lehramt an Gym-nasien und Gesamtschulen. online im Internet: https://www.hf.uni-koeln.de/data/hflehrestu-dium/File/Lehramt/Gymnasium/Uzk_HF_MHB_GyGe_BA_BiWi_Fas-sung_PO_26.02.2016.pdf (zuletzt abgerufen am 20.07.2020)

OECD. Bessere Politik für ein besseres Leben. PISA Studie 2018: Leistungen in Deutsch-land insgesamt überdurchschnittlich, aber leicht rückläufig und mit großem Abstand zu den Spitzenreitern; Chancengerechtigkeit gilt es weiterhin zu fördern. online im Internet: https://www.oecd.org/berlin/presse/pisa-studie-2018-leistungen-in-deutschland-insgesamt-ueberdurchschnittlich-aber-leicht-rueclaeufig-und-mit-grossem-abstand-zu-den-spitzen-reitern-03122019.htm (zuletzt abgerufen am 20.07.2020)

Pfadenhauer, Michaela (2007): Das Experteninterview. Ein Gespräch auf gleicher Augen-höhe. In: Buber, Renate; Holzmüller, Hartmut M. (Hrsg.) Qualitative Marktforschung. Kon-zepte-Methoden-Analysen. Wiesbaden: Gabler Verlag, S.449-462.

Ramsenthaler, Christina (2013): Was ist „Qualitative Inhaltsanalyse?" In: Schnell, Martin, Schulz, Christian; Kolbe, Harald; Dunger, Christine (Hrsg.): Der Patient am Lebensende. Eine Qualitative Inhaltsanalyse Wiesbaden: Springer Verlag, S.23-42.

Rose, Nadine (2012): Migration als Bildungsherausforderung. Subjektivierung und Diskri-minierung im Spiegel von Migrationsbiografien. Bielefeld: transcript Verlag.

Rosenthal, Gabriele (2014): Interpretative Sozialforschung. Eine Einführung. Weinheim Ba-sel: Beltz Verlag.

Roth, Hans-Joachim; Wolfgarten, Tim (2016): Interkulturelle Bildung als Hochschulange-bot. Organisatorische und curriculare Beobachtung zur Lehre sowie ihrer strukturellen

Verankerung. In: Dogmus, Aysun; Karakasoglu, Yasemin, Mecheril, Paul (Hrsg.): Pädagogisches Können in der Migrationsgesellschaft. Wiesbaden: Springer Verlag, S.107-140.

Schreier, Margrit (2010): Fallauswahl. In: Mey, Günter; Mruck, Katja (Hrsg.): Handbuch Qualitative Forschung in der Psychologie. Wiesbaden: Springer Fachmedien, S.238-251.

Steinbach, Anja (2016): Thematisierung migrations-gesellschaftlicher Differenz- und Machtverhältnisse in der universitären Lehramtsausbildung. In: Dogmus, Aysun; Karakasoglu, Yasemin; Mecheril, Paul (Hrsg.): Pädagogisches Können in der Migrationsgesellschaft. Wiesbaden: Springer Verlag, S.279-300.

Wänke, Michaela; Bohner, Gerd (2006): Einstellung. In: Bierhoff, Hans W.; Frey, Dieter (Hrsg.): Handbuch der Sozialpsychologie und Kommunikationspsychologie, Göttingen: Hogrefe, S.404-414.

Wilmes, Maren; Schneider, Jens; Crul, Marie (2011) „Sind die Kinder türkischer Einwanderer in anderen Ländern klüger als in Deutschland?" In: Neumann, U. (Hrsg.), Schule mit Migrationshintergrund. Münster: Waxmann, S. 30-46.

11. Anhang

11.1 Einverständniserklärung (Vorlage)

Einwilligung in die Erhebung und Verarbeitung personenbezogener Daten

Verantwortliche für den Datenschutz

- Salma Jamil, Studentin an der Universität zu Köln

Betreuer der Bachelorarbeit:

- XXX

Sehr geehrte Teilnehmer/innen,

vielen Dank für Ihr Interesse und ihre Teilnahme an meiner Bachelorarbeit. Im Folgenden informiere ich Sie über die Erhebung und die weitere Verarbeitung Ihrer personenbezogenen Daten. Außerdem gebe ich Ihnen einen kurzen Einblick in das genaue Thema meiner Arbeit und die daraus resultierenden Forschungs- und Dokumentationsmethoden.

In meiner Bachelorarbeit werden Experteninterviews zum Thema „Wie werden Lehramtsstudierende auf die kulturelle Heterogenität des Schulalltags vorbereitet? Und welche Einstellung haben sie bezüglich kultureller Heterogenität?" durchgeführt. Ihre Daten werden im Rahmen meiner Bachelorarbeit im Fach Bildungswissenschaften, erhoben und im Weiteren verarbeitet. Die Art der verwendeten Daten bezieht sich lediglich auf eine Interviewaufnahme eines persönlichen Gesprächs zu dem oben bereits erwähnten Thema. Außerdem werden Ihre persönlichen Kontaktdaten aufgenommen und gespeichert. Ebenfalls wird Ihre Zugehörigkeit in den Personenbereich der Studierenden, der Menschen mit Migrationshintergrund notiert und verarbeitet. Die Interviewdaten werden mit einem Diktiergerät aufgenommen und anschließend zur Analyse hin transkribiert. Für die weitere Ausarbeitung werden alle Angaben, die zu einer Identifizierung der Person führen könnten, anonymisiert. Bei der Abgabe der Bachelorarbeit werden nur anonymisierte Daten verwendet. Auch im Anhang finden sich nur anonymisierte Daten wieder. Eine Veröffentlichung ist nicht vorgesehen. Eine Anonymisierung ihrer personenbezogenen Daten sind aufjedenfall sichergestellt. Eine Anpassung oder Veränderung, eine anderweitige Verwendung, die Offenlegung durch Übermittlung an Dritte, der Abgleich oder die Verknüpfung ihrer personenbezogenen Daten mit anderen Forschungsdaten wird ausgeschlossen.

Nach Ende des Forschungsprojektes und der Auswertung und Analyse ihrer personenbezogenen Daten, werden diese sofort und nachhaltig gelöscht. Dies geschieht in der Regel schon während der Analyse und Auswertung ihrer personenbezogenen, nachdem diese erfolgreich anonymisiert und transkribiert wurden. Die Dauer der Speicherung ihrer persönlichen Daten beschränkt sich lediglich auf ein Semester (in diesem Fall Sommersemester 2020). Ihre Daten werden daher ihnen Möglichkeit der Wiederherstellung gelöscht. Sie haben als betroffene Person das Recht auf Auskunft von den Verantwortlichen über Ihre personenbezogenen Daten, Berichtigung Ihres personenbezogenen Datens und Datenübertragbarkeit. Ebenfalls haben Sie das Recht, der Verarbeitung Ihrer personenbezogenen Daten zu widersprechen. Zudem besitzen Sie das uneingeschränkte Widerrufungsrecht. Sie haben das Recht, die Einwilligung jederzeit ohne Nachteile zu widerrufen. Der Widerruf wirkt aber nur in die Zukunft. Die auf der Einwilligung beruhende Verarbeitung bis zum

Zeitpunkt des Widerrufs bleibt also rechtmäßig. Auch besteht ein Beschwerderecht bei einer Aufsichtsbehörde. Sie können die vorgenannte Rechte vorzugsweise bei der / den oben genannten fachverantwortlichen Person(en) geltend machen. Sie haben außerdem das Recht, sich bei einer Aufsichtsbehörde, wie oben bereits erwähnt, zu beschweren. Aufsichtsbehörde für die verantwortliche Person ist:

Bitte kreuzen Sie die zutreffenden Punkte an und am Ende diese Einwilligung zu unterschreiben, damit diese rechtskräftig ist. Bitte kreuzen Sie die zutreffenden Punkte an und unterschreiben Sie am Ende diese Einwilligung, damit diese rechtskräftig ist. Vielen Dank für Ihre Teilnahme.

☐ Ich habe die Einwilligungserklärung gelesen und verstanden.

☐ Ich bin damit einverstanden, dass meine personenbezogenen Daten erhoben werden (bitte gesondert Ankreuzen)

☐ Ich bin mit einem Interview zur Erhebung von analysefähigen Informationen einverstanden.

_____

(Ort, Datum)   (Unterschrift)

11.2 Transkriptionsregeln

Einfaches Transkriptionssystem

1. Es wird wörtlich transkribiert, also nicht lautsprachlich oder zusammenfassend. Vorhandene Dialekte werden möglichst ins Hochdeutsch übersetzt. Wenn keine eindeutige Übersetzung möglich ist, wird der Dialekt beibehalten.

2. Wortverschleifungen werden nicht transkribiert, sondern an das Schriftdeutsch angenähert. Beispielsweise wird aus „Er hatte noch so'n Buch genannt wird zu „Er hatte noch so ein Buch genannt" und „hamma" wird zu „haben wir". Die Satzform wird beibehalten, auch wenn sie syntaktische Fehler beinhalten, beispielsweise:" bin ich nach Kaufhaus gegangen."

3. Wort - und Satzabbrüche sowie Stottern werden geglättet bzw. ausgelassen, Wortdoppelungen nur erfasst, wenn sie als Stilmittel zur Betonung genutzt werden: „Das ist mir sehr, sehr wichtig." „Ganze" Halbsätze, denen nur die Vollendung fehlt, werden jedoch erfasst und mit dem Abbruchzeichen / gekennzeichnet.

4. Interpunktion wird zu Gunsten der Lesbarkeit geglättet, das heißt bei kurzem Senken der Stimme oder uneindeutiger Betonung, wird eher ein Punkt als ein Komma gesetzt. Dabei sollen Sinneinheiten beibehalten werden.

5. Pausen werden durch drei Auslassungspunkte in Klammern (...) markiert.

6. Verständnissignale des gerade nicht Sprechenden wie „mhm, aha, ja, genau, ähm" etc. werden nicht transkribiert. AUSNAHME: Eine Antwort besteht NUR aus „mhm" (bejahend)", oder „mhm (verneinend)" erfasst, je nach Interpunktion.

7. Jeder Sprechbeitrag erhält eigene Absätze. Zwischen den Sprechern gibt es eine freie, leere Zeile, Auch kurze Einwürfe werden in einem separaten Absatz transkribiert.

8. Emotionale und nonverbale Äußerungen der befragten Person und des Interviewers, die die Aussagen unterstützen, oder verdeutlichen (etwa wie lachen oder seufzen), werden beim Einsatz in Klammern notiert.

9. Die Interviewende Person wird durch ein „I":, die befragte Person durch ein „B": gekennzeichnet. Bei mehreren Interviewpartnern wird dem Kürzel „B" eine entsprechende Kennnummer oder Name zugeordnet (z.B. „B1":).

Quelle: Praxisbuch Interview& Transkription. Regelsysteme und Anleitungen für qualitative ForscherInnen. 4. Auflage November 2012, S.26f.

50

11.3 Transkription

Interview 1 – HRSGe Lehramtsanwärterin, Englisch und Sozialwissenschaft

1	I:	So, ja. Hallo XX. Danke, dass du an meinem Leitfadeninterview teilnimmst deine Daten
2		werden selbstverständlich anonymisiert und du kannst total offen mit mir sprechen. Das
3		Leitfadeninterview dient meiner Bachelorarbeit und Frage ist wie Lehramtsanwärterin-
4		nen und Lehramtsanwärter auf die kulturelle Heterogenität des Schulalltags vorbereitet
5		werden von Seiten der Universität aus und welche Einstellungen Lehrerinnen und Lehrer
6		diesbezüglich haben. Können wir anfangen?
7	B1:	Ja.
8	I:	Okay dann fangen wir mal an. Was bedeutet denn kulturelle Heterogenität in der Schule
9		für dich?
10	B1:	Also der Begriff an sich kulturelle Heterogenität ist ja für mich erstmal nur ein ganz gro-
11		ßes Synonym für Vielfalt also irgendwas in seiner vielfältigsten Form im Schulalltag ist
12		immer noch ein Begriff ein riesengroßer Begriff wo ganz, ganz viel drinsteckt. Also wenn
13		wir uns jetzt mal darüber nachdenken, es sind ja nicht nur die Schüler mit Migrationshin-
14		tergrund oder grundsätzlich abweichend von der deutschen Sprache. Schüler, die abwei-
15		chen von der deutschen Sprache irgendein Teil ihres Hintergrunds mitbringen, jetzt ist
16		das aber so wenn ich sage da steckt sehr, sehr viel drin. Denken wir mal an den soziöko-
17		nomischen Status hast du bestimmt mit auch behandelt, tendenziell sagt man ja Schüler
18		die aus Familien mit Migrationshintergrund kommen oder aus einem anderen kulturellen
19		Kreis haben tendenziell einen schwächeren oder einen niedrigen Sozioökonomischen Sta-
20		tus. So das bedeutet okay den steht weniger Kapital zur Verfügung die haben weniger
21		Ressourcen, die haben weniger Mittel zuhause das wirkt sich dann wieder direkt auf die
22		Leistungen in der Schule aus das heißt bei denen kann es nun mal sein, dass da keiner
23		zuhause sitzt und bei den Deutschhausaufgaben helfen kann oder bei jeden anderen
24		Hausaufgaben auch. Es sind einfach so Mittel und Ressourcen die da einfach fehlen. Das
25		war jetzt ein ganz, ganz kleiner Teil, der dazu gehört. Dann es gehört zur kulturellen
26		Heterogenität natürlich auch die Identität der Schüler würde ich jetzt mal sagen so wie
27		krass hat unser kultureller Hintergrund unsere Identität geprägt. Das ist ein riesengroßer
28		Teil von dem. Das ist dann mehr auf so einer persönlichen emotionalen Ebene ist es dann
29		die Aufgabe der Lehrer das nochmal zu berücksichtigen. Also es sind so ganz, ganz viele
30		Ebenen, die da miteinspielen. dann kommt natürlich da der sprachliche Aspekt mit dazu
31		das sind so Dinge, die man direkt auf Anhieb sieht. Da ist vielleicht eine andere Mutter-
32		sprache als Deutsch aber da hinter steckt eben sozioökonomischer Status, die Mittel und
33		stimmt das kommt mir jetzt auch in den Sinn auch so mit wem identifizierst du dich? Wer
34		sind so deine Peergroups? Dann bist du tendenziell eher in deinen deutschen Kreisen oder

35		aus denen du kommst, fühlst du dich da eher da wohl, warum ist das so. Warum fühlst du
36		dich wohler, wenn du da in der Gruppe bist, fühlst du dich in der anderen Gruppe irgend-
37		wie nicht gut aufgenommen nicht in irgendeiner Form diskriminiert oder sonst irgendwas.
38		Also das ist dann das für mich was dahinter steckt ganz viele Fragezeichen auch, die ja
39		auch bei dem wir jeden Tag auch die man als Lehrer auch so handeln muss. Das ist ein
40		ganz großer Begriff.
41	I:	Ja, Dankeschön für diese umfangreiche Antwort. Du hast eben schon angedeutet was
42		Lehrerinnen und Lehrer können müssen, dann wären wir direkt bei der Überleitung zur
43		zweiten Frage, welche Anforderungen durch all das was du gerade aufgezählt hast, erge-
44		ben sich dann dadurch für dich als Lehrerin?
45	B1:	Ich mache ja noch Sowi und da reden wir ganz viel über sozioökonomisch und so weiter
46		und das passt ganz gut. Ich habe nämlich jetzt vor kurzem die letzte PISA Studie gelesen,
47		ich meine das ist auch in der PISA Studie vorher. Es ist halt immer so, dass Schüler mit
48		Migrationshintergrund oder ne ich sag das jetzt bisschen so eine kultureller Heterogenität
49		ich weiß nicht ob es jetzt das gleiche ist aber das es so zumindest das womit wir es direkt
50		verbinden kommen eben aus niedrigeren sozial ökonomischen Verhältnissen. Das bedeu-
51		tet schon mal wie gehe ich damit um, also wenn ich eine Klasse habe von dreißig Kindern
52		und ich weiß fünf von denen kommen aus Verhältnissen in denen die Mittel und die Res-
53		sourcen nicht stimmen und die anderen zwanzig sind top fit dann stehe ich da vor einer
54		Aufteilung und muss einfach gucken wie werde ich den fünf Kindern gerecht und wie
55		werde ich den Rest der Klasse gerecht und das ist natürlich so eine Herausforderung die
56		auf uns zu kommt. Dann die andere Sache ist, was ich auch eben schon gesagt habe, wenn
57		doch dieser kulturelle Hintergrund von den Schülern ein so großer Teil ihrer Identität ist,
58		wie kann ich das als Lehrer wertschätzen, in welcher Form kann ich das „appreciaten"
59		würde man jetzt sagen. Und geht man schon in die Schiene der Methoden was kann man
60		da machen, aber es aufjedenfall eine Herausforderung auch vor allem muss man da auch
61		so einen Grad finden, das ist glaub ich was jeder Lehrer für sich selber individuell finden
62		muss, zwischen auf der einen Seite Wertschätzung und auf der anderen Seite aber bloß
63		nicht zu sehr in den Mittelpunkt stellen, weißt du was ich meine? Mir fällt da gerade eine
64		gute Geschichte ein: 10.Klasse Politik und ich war auf der Realschule die einzige die aus
65		einem anderen Land kam und auch äußerlich die einzige mit schwarzen Haaren und ich
66		weiß noch in Politik sind wir jede Stunde einmal die Nachrichten durch und jedes Mal
67		hat meine Lehrerin direkt mich gefragt XX „Was war denn jetzt schon wieder mit Af-
68		ghanistan?" „Ah was ist denn jetzt schon jetzt wieder passiert?" In dem Moment weiß ich
69		sie hat meinen kulturellen Hintergrund auf dem Schirm, die weiß da kommt jemand von
70		wo anders her, aber wie hat die das denn aufgearbeitet bitte? Total unangenehm. Ich war
71		die einzige und auf einmal ging es nur noch um mich was ein sehr sensibles Thema dann

72	auch noch ist. Dann waren gefühlt alle Blicke auf mich gerichtet, die Wertschätzung war
73	mir nicht angenehm genug und da den Grad zu finden, wie man das schätzen kann, wie
74	man das aufarbeiten kann im Unterricht aber trotzdem nicht too much ich glaube das ist
75	eine riesengroße Herausforderung, selbst für mich, Lehrer die selber so bisschen people
76	of colour sind die sich gut damit auskennen und sich damit identifizieren können selbst
77	für uns ist das dann nochmal eine andere Rolle in die man da hinein kommt. Da hab ich
78	jetzt viel geredet, auf jeden Fall, dass man das zu einem angemessenen Maß wertschätzt
79	aber nicht zu viel aber auch so wenn man, ich hole jetzt mal bisschen weiter aus, wir
80	sagen ja immer viel Inklusion ist total wichtig es gehört auf jeden Fall dazu was dahinter
81	steckt einfach jeden Schüler in seiner Ganzheit quasi aufzunehmen und in seiner Ganz-
82	heit nach seinen Möglichkeiten zu fördern und dazu gehört deren Identität und dazu ge-
83	hört die Sprache, ich mache ja Englisch und Sowi, wenn ich Englisch unterrichte dann
84	weiß ich da sind Leute die haben eine andere Muttersprache als Deutsch wie kommen die
85	mit dem Lernen einer dritten Sprache zurecht, sind die schon fit in Deutsch? Das geht
86	dann ja auch so ein bisschen in Sprachwissenschaftliche, ist Deutsch, die Muttersprache
87	schon so gefestigt, dass da jetzt quasi noch eine dritte Sprache, Englisch dazu kann? Das
88	ist glaube ich auch noch so eine Herausforderung speziell die man als Fremdsprachenleh-
89	rerin hat, die ich jetzt in Englisch hätte und das gehört eben also kulturelle Heterogenität
90	gilt dann da auch aufjedenfall zu Inklusion also das ist da aufjedenfall noch inbegriffen
91	und das sind so die großen Herausforderungen, die ich für mich feststellen würde.

92	I:	Ja, Danke XX, also du hast bei den Anforderungen schon die Herausforderungen heraus-
93		gearbeitet und hast auch so schon zur dritten Frage übergeleitet also bedeutet Kulturelle
94		Heterogenität für dich mehr Bereicherung oder mehr Herausforderung.

95	B1:	Also, wenn du mich jetzt persönlich als angehende Lehrerin fragst dann ist das für mich
96		aufjedenfall eine Bereicherung. Also für mich ist alles was neu ist eine Bereicherung.
97		Egal welche Konsequenzen man daraus zieht, ob das jetzt etwas ist was ich jeden Tag gut
98		gebrauchen kann oder etwas ist woraus ich mir einfach so was für das Leben mitnehmen
99		kann es ist trotzdem eine Bereicherung für mich. Ich kann dir das auch auf so einer mehr
100		wissenschaftlichen Ebene wo man das so handfest hat so schwarz auf weiß würde ich dir
101		sagen so schlag den Lehrplan auf Englisch direkt Seite 1 das erste was dir in den Sinn
102		kommen wird ist Interkulturelle Kompetenz also schon allein deswegen würde ich sagen
103		es ist aufjedenfall eine Bereicherung. Wie soll man interkulturelle Kompetenz besser
104		quasi an den Mann bringen jemand nahebringen dass man eine Klasse hat mit vielfältigen
105		kulturellen Identitäten es geht ja auch um und da spielt ja auch noch so der Aspekt dass
106		man nicht über die Schüler hinweg quasi so den Lernstoff drin hat. Stattdessen mehr auf
107		so einer gemeinsamen Ebene, dass man das einfach so aufarbeitet. Ja das man so einen
108		direkten Zugang zu den anderen Kulturen hat, zu anderen Sprachen hat vielleicht auch zu

109		anderem Essen also ich denke da auf so einer Sprachen Ebene vielleicht bin ich da auch
110		so ein bisschen nur so im English Film, das könnte man bestimmt auch noch weiter fas-
111		sen.

112	I:	Ja, aufjedenfall wirklich sehr schöne Ansätze. Beziehst du deine Wissensquellen über
113		kulturelle Heterogenität aus Lehrveranstaltungen an der Uni, und wenn ja welche sind
114		das, die aufzählen würdest?

115	B1:	Also ich muss sagen die Erfahrung, die man mit kultureller Heterogenität in der Uni oder
116		die ich bisher in meinem Lehramtsstudium gemacht habe, ist eher wenig. Ich kann dir
117		aber aufjedenfall mindestens eine kann ich dir in Englisch aufjedenfall empfehlen die hat
118		mir aufjedenfall gut geholfen, das war in Englisch „Inclusive Teaching" war das. Passt
119		total gut zum Aspekt der Inklusion das man alles miteinbezieht die kulturelle Identität,
120		die Sprache, was die Schüler ausmacht, was die Schüler aber auch hergeben. Was sie dir
121		bieten und da ran knüpfst du dann an. Im Endeffekt das machen wir ja als Lehrer du
122		reagierst ja auf deine Schüler das heißt wenn die dir heute eine Möglichkeit dazu geben
123		irgendwie was an deren Sprache oder Kultur da irgendwie was anzuknüpfen da reagierst
124		du darauf und guckst wie du das aufnehmen kannst. Was war jetzt die Frage nochmal?
125		(lacht)

| 126 | I: | Die Frage war deine Wissensquellen aus den Lehrveranstaltungen. |

| 127 | B1: | Ahhh jetzt weiß, tut mir leid (lacht). |

| 128 | I: | Alles gut, du hast ja jetzt schon aus Englisch Inclusive Teaching aufgezählt. |

129	B1:	Genau Inclusive Teaching das war es an Lehrveranstaltungen, wobei ich dann mit Sowi
130		auch vieles drin habe. In Sowie hatte ich zum Beispiel Fachdidaktik „Krieg und Frieden"
131		hieß das Seminar. Das hatte schon einen sehr staken (..), es ging da hauptsächlich so um
132		die westliche Welt in Konflikt mit der Welt im Nahen und mittleren Osten wie weit sich
133		so die Konflikte austragen in Fachdidaktik, das heißt wie wird das im Unterricht bear-
134		beitet und dann kommt es natürlich zur Sprache ey was wenn du da Schüler hast die
135		kommen aus Palästina was wenn du da Schüler hast.

| 136 | I: | Sehr interessant und auch sehr wichtig. |

| 137 | B1: | Genau. Genau oder aus Afghanistan, da sind so zwei Seminare die mir aufjedenfall hän- |
| 138 | | gen geblieben sind. Joa. |

| 139 | | |

140	I:	Sehr wichtig auf jeden Fall. Ja, zwei Lehrveranstaltungen, gut dann ist das halt so beziehst
141		du denn auch andere Wissensquellen zum Beispiel die private Auseinandersetzung mit
142		kultureller Heterogenität aus dem Nebenjob, aus persönlichen Erfahrungen?

143	B1:	Also ich hab zum Beispiel eine Zeitung abonniert „Katapult" heißt sie und die haben auch
144		so eine sehr, die bringen alles mit , das habe ich vor allem für Sowie gemacht, so alle
145		möglichen politischen Themen die über die Woche über den Monat die du in den Nach-
146		richten oder sonst wo , überall siehst sehr in vereinfachter Form aber auch so leicht Satire,
147		also auch ein wenig unterhaltsam bisschen entertainen, packen de quasi in ein Heft so für
148		eine Woche und ich kann dir auch mal dazu was schicken. So wie das aufgebaut ist, so
149		dann steht da zum Beispiel das ist dann immer so Eye-catcher Seiten dann steht da zum
150		Beispiel auf einer Seite das Vermögen von Jeff Bezos genau so viel wie die ganzen Kin-
151		derarbeiter von Bangladesch über zehn Jahre verdiene. Das sind halt so Eye-Catcher die
152		könnte man halt so total gut als Einstieg nehmen, das mache ich so privat total gerne. Ich
153		schnappe mir so die Zeitschriften und gucke wo kann ich da was für den Unterricht be-
154		nutzen und was ich jetzt noch mache Bundesamt für politische Bildung.

| 155 | I: | Ja, sehr gute Seite. |

156	B1:	Sollte sich jeder Sowi Lehrer angucken oder auch jeder andere Lehrer, der was Sinnvolles
157		beitragen will. Da gibt es auch total gute Möglichkeiten auch außerhalb der Uni. Ich finde
158		sogar so die zwei Dinge haben mir bisher ein bisschen mehr gebracht.

159	I:	Ja und das ist auch total in Ordnung, wenn du sagst ich ziehe meine Wissensquellen aus
160		der privaten Auseinandersetzung. Joa, dann wäre halt die Frage ob du im Laufe deines
161		Studiums Kompetenzen und Methoden mitgenommen hast, um kulturell heterogene
162		Schülergruppen miteinzubeziehen.

163	I:	Ja, also ich kann da viel von dem Englisch aufjedenfall erzählen. Ich würde sagen ich
164		habe aufjedenfall theoretisches Wissen was ich aufjedenfall mitgenommen habe, hatte
165		ich auch vorher schon. Ich würde aber auch sagen, dass ich mir ein paar Methoden ange-
166		eignet habe. Ich weiß jetzt nicht, ob ich das Methoden Kompetenz nennen kann weil ich
167		hab es so noch nie umgesetzt, ich kann mir das aber sehr gut vorstellen was ich in Englisch
168		beispielsweise machen würde das fand ich eine sehr, sehr schöne Idee man könnte so
169		sagen wir mal du hast 2-3 türkische Kinder dann macht man eine türkische Woche dann
170		gibt es keine Ahnung türkisches Gebäck, es muss nicht immer nur die Sprache sein, das
171		ist jetzt für mich in Englisch wichtig, so dass man sagt: „Ey sag doch mal einen englischen
172		Satz, Hey wie geht's dir?" Vielleicht auch mal auf Türkisch, vielleicht das man auch einen
173		Satz für alle hat und jeder hat den und das nicht nur die türkischen Kinder im Fokus
174		stehen, sondern auch alle anderen was davon haben und das ist auch das was ich am An-
175		fang meinte, dass man wertschätzt aber nicht nur den Fokus daraus zu richten. Ich weiß
176		nicht da kann man auch immer so Wochen machen, so türkische Woche oder afghanische
177		Woche, Sprachen, Musik da gibt es ja alles Mögliche womit man, da ist ja auch so ein
178		großer Lebenswelt Bezug, das ist ja deren Welt, deren Realität und die wird dann

179   praktisch so in den Klassenraum gemacht. Das hört sich alles sehr, sehr schön an(lacht)

180   ich sag ja ich hoffe es klappt. Das fand ich eine sehr schöne Idee auch wieder in Englisch

181   was ich mir sehr gut vorstellen kann ist so literarische Texte oder Gedichte in anderen

182   Sprachen anzuhören. Es gibt zum Beispiel , das hatte ich jetzt auch in meiner letzten

183   Englisch Prüfung es gibt ja in jedem Land Romeo und Julia das gibt es ja in allen mögli-

184   chen Sprachen so das haben wir ja in der afghanischen Literatur auch das finde ich auch

185   sehr, sehr schön wie kann eine Geschichte über alle möglichen Kontinente verteilt den

186   gleichen Zusammenhang sowas finde ich sehr schön sowas kann ich mir sehr gut vorstel-

187   len.

188   I: Und gerade solche Rome und Julia Stories also bei uns Laily und Majnoon.

189   B1:   Ja (lacht) genau.

190   I: Die kommen ja aufgrund ihrer Unterschiede nicht zusammen (betont) also da haben wir

191   wieder das Thema verarbeitet.

192   B1:   Ja, in der Geschichte nochmal total gut aufgearbeitet, voll schön.

193   I: Ja sehr schöne Idee, das schaue ich mir direkt von dir ab. (lacht)

194   B1:   Was kann man noch machen? Das wäre ja so quasi eine Geschichte in verschiedenen

195   Ländern was vielleicht ein bisschen schwieriger ist was ich mir aber auch vorstellen kann,

196   ist man sagt okay, ich habe hier ein Gedicht. Ein etwas bekannteres, es muss kein Gedicht

197   sein, es muss nicht großartiges literarisches sein, es kann auch eine einfache Geschichte

198   sein aber das so versuchen in verschiedenen Sprachen oder auf einem Blatt einmal auf

199   Englisch einmal auf Farsi oder auf Türkisch.

200   I: Ja total viele Länder haben ja auch Märchen und Sagen vielleicht sowas.

201   B1:   Ja, voll schön. Dann kann auch jeder was dazu beitragen, sowas kann ich mir vorstellen.

202   So Materialien in verschiedenen Sprachen anzuwenden. Da muss man natürlich gucken

203   als Lehrer, ich kanns verstehen wenn man sagt, wenn ich vor einer Klasse stehe und da

204   sind türkische Kinder da sind arabische Kinder, kurdische Kinder, ich bin nicht mit jeder

205   Sprache vertraut, ich könnte maximal bei afghanisch helfen das war es dann aber auch

206   und das ist dann auch eine Herausforderung, stimmt das würde auch sehr, sehr gut zu

207   den Herausforderungen passen, dass es Unsicherheiten bei den Lehrern auslöst, und ge-

208   rade wenn ich sage ich habe im Studium nicht so viel Erfahrung damit, ich beziehe mein

209   Wissen eher aus den privaten Quellen, stehe dann aber trotzdem vor der Klasse es kann

210   unter Umständen aufjedenfall Unsicherheiten verursachen. Kann ich aber auch voll ver-

211   stehen. Jeder, also selbst ich sage das als people of colour die ihr Leben lang Erfahrungen

212   damit gemacht hat, okay ich kann gar nicht alle Sprachen ich bin gar nicht mit allem

213   vertraut, ich weiß gar nicht wie deren Alltag in ihrer Welt in ihrer Kultur aussieht das

14		kann ich mir gut vorstellen, dass das eine Unsicherheiten bei den Lehrern auslösen kann
15		ist auch völlig in Ordnung aber man muss halt gucken was man daraus macht.
16	I:	Wir sind auch schon bei meiner letzten Frage des Leitfadens, traust du dir den Kompe-
17		tenzen Umgang mit kulturell heterogenen Schülergruppen zu?
18	B1:	Ja, ich traue mir den kompetenten Umgang zu muss ich sagen. Das aller, allerwichtigste
19		ist immer die eigene Lerngruppe gut zu kennen, die eigenen Schüler gut zu kennen, so
20		deren Lebenswelt Bezug kenne, wir reden ja immer ganz viel von Lebensweltbezug ken-
21		nen, aber was heißt das denn überhaupt? Das ist mit so das wichtigste sie zu kennen und
22		sie da anzuknüpfen wo ich als Lehrer das Gefühl habe, da kann ich so am meisten raus-
23		holen oder das Beste aus denen rausholen. Ich traue mir das zu ich kann mir auch vorstel-
24		len dass es zu Schwierigkeiten kommt es wird bestimmt nicht, wenn ich in Englisch Tür-
25		kisch raushaue dann wird das bestimmt nicht für alle Schüler total leicht da jetzt was mit
26		anzufangen, aber das sind halt so Sachen das muss da würde ich damit einen guten Ein-
27		stieg machen, dass sich alle Schüler eingebunden fühlen, das sich alle so am Prozess
28		beteiligt fühlen und wenn ich weiß okay jemand ist gar nicht damit fit, liegt es an mir das
29		zu ändern. Ich traue mir den Umgang zu ich weiß aber auch dass es zu Schwierigkeiten
30		kommen kann, die man aber, finde ich, immer behandeln kann.
231	I:	Ja, also ich sehe das auch so. Gut dann wäre das jetzt alles zum Teil Leitfadeninterview
232		hast du noch Fragen dazu?
233	B1:	Ne (lacht) ich habe so viel geredet (lacht).
234	I:	Dann schaue dir bitte jetzt die Positionskärtchen, an, die ich dir auf Whatsapp geschickt
235		habe und du kannst dich dann je nachdem wie du möchtest zu den Positionskärtchen äu-
236		ßern. Du kannst dir natürlich Zeit nehmen und dir erst alles durchlesen und dich dann
237		äußern, wozu dir was einfällt und bitte bedenk auch dass ich absichtlich ein paar extre-
238		mere Aussagen gewählt habe, um dich auch zum Reden zu animieren.
239	B1:	Ja, sehr gerne.
240	B1:	Also das erste was ich hier sehe „Kindern mit Migrationshintergrund fehlt es emotionalen
241		Rückhalt und angemessener Förderung der kognitiven Entwicklung in der Familie." Das
242		ist ja das was ich gesagt habe, so tendenziell die Kinder mit Migrationshintergrund kom-
243		men aus schwächeren Verhältnissen, ob das jetzt automatisch die kognitive Entwicklung
244		und der emotionale Rückhalt fehlt würde ich jetzt so nicht sagen, diese Position finde ich
245		fragwürdig. Trotzdem ist es schon wichtig, schon auf dem Schirm zu haben, dass da die
246		Mittel anders eingesetzt sind das da eine andere Form von Förderung notwendig sind,
247		aber das jetzt speziell auf die kognitive Entwicklung würde ich das nicht schließen nein.
248		Kulturell heterogenen Schülergruppen mangelt es an elterlicher Unterstützung, das ist

249	natürlich provokant geschrieben würde ich aber unter Umständen das würde ich sagen
250	„keep that in mind" ist ja auch nicht immer negativ es kann ja sein dass die Eltern den
251	nicht immer helfen können weil die nicht deutsch sprechen, weil die kein Wort Deutsch
252	lesen oder schreiben können aber da fehlt denen eben die Unterstützung und das gehört
253	auch zu den Herausforderungen und da muss man auch als Lehrer gucken wie kann man
254	da was machen, kann man irgendwelche kann man sich an den Förderverein wenden und
255	sagen ey wir brauchen hier mal Nachhilfe Unterstützung, welche Möglichkeiten kann ich
256	da schöpfen, Lehrerinnen und Lehrer benötigen spezifisches Wissen zum Abbau beste-
257	hender Chancenungleichheit. Ja das würde ich unterschreiben das stimmt aufjedenfall das
258	ist natürlich sehr schön wie ich hier rede es ist alles eine Bereicherung es soll alles mit-
259	eingebunden werden und trotzdem brauche ich auch auf wissenschaftlicher Ebene da
260	brauche ich meine Qualifikation, wir sind ja bisschen in der Welt drin, wenn du jetzt
261	Lehrer vor dir hast die nicht mit dem Thema am Hut haben, woher sollen die sich das
262	denn nehmen? Methodenkompetenz ist ganz wichtig, was ich dir eben auch gesagt habe,
263	das hätte ich niemals erfahren, wenn ich das in dem Seminar nicht hätte. Planungskom-
264	petenz auch, wie bereite ich die Sachen vor? Kann ich mir gut vorstellen, dass es was
265	bringt, dann auch so als Sowi Lehrer kann ich dir viel zum sozioökonomischen Status
266	sagen, so dass ich weiß nicht ob die Lehrer in der Grundschule ob die da genauso Ahnung
267	haben, welche Hintergründe dahinter stecken aber ja aufjedenfall Wissen und Kompeten-
268	zen zum Abbau bestehender Chancenungleichheit gehört aufjedenfall dazu.
269	„Heterogenität der Schülerschaft ist Normalfall" aufjedenfall. Aufjedenfall also ich finde
270	selbst, wenn du eine Gruppe von zwei Deutschen hast (lacht) die Deutsch als Muttersprа-
271	che haben, selbst das ist heterogen. Jeder lernt auf eine andere Art und Weise, jeder fasst
272	Dinge anders auf, allein schon, wenn jeder anders liest, das ist schon ein Unterschied im
273	Tempo also aufjedenfall ist Heterogenität nicht nur im Bereich der Kultur Normalfall an
274	der Schule aufjedenfall.
275	„Lehrerinnen und Lehrer können die Chancengleichheit im Bildungssystem" fördern, ja
276	aufjedenfall ich finde sogar das ist einer der zentralen Aufgaben die Chancengleichheit
277	im Bildungssystem zu fördern ist natürlich auch wieder sehr leicht gesagt unser Bildungs-
278	system ist da natürlich festgefahren würde ich sagen, ist sehr stark nach Noten und Leis-
279	tungen ausgelegt, und die kulturellen persönlichen Hintergründe oder die emotionalen
280	oder das unterschiedliche Lerntempo, jeder fasst Dinge anders auf, jeder geht anders im
281	Unterrichtinhalten um das wird sehr wenig berücksichtigt hab ich das Gefühl. Also es ist
282	aufjedenfall die Aufgabe das zu fördern allerdings würde ich schon sagen, dass das Bil-
283	dungssystem uns so bisschen die Möglichkeit nimmt das komplett so zu entfalten.
284	Puh, da steht jetzt „Die Lehrveranstaltungen an der Universität zu Köln behandeln das
285	Thema Heterogenität mangelhaft." Ja, ich hab dir ja von den zwei Seminaren erzählt, da

286		wurde das wunderbar behandelt, ich muss aber sagen ich spreche auch für jemanden der
287		Englisch und Sowi hat, das sind natürlich zwei Fächer in denen spielen kulturelle Hete-
288		rogenität eine wichtige Rolle, ich kann mir vorstellen dass es bei dir in Geschichte (...)
289		obwohl Sport zum Beispiel ich glaube nicht dass in so einem Fach wie Sport kulturelle
290		Heterogenität großartig behandelt wird ich würde mir an der Stelle schon wünschen, dass
291		man grundsätzlich Heterogenität ähnlich wie Inklusion zu einem festen Bestandteil
292		macht, ich weiß nicht ob das ein Seminar sein muss oder es gibt da ja viele Programme,
293		es gibt da dieses meant4you Programm für angehende Lehrer ist das glaub ich oder das
294		man irgendwelche Programme besucht oder selber aufstellt einfach das man jeder mal
295		bisschen Ahnung davon hat (lacht) Und ich glaube das würde auch die Sicht auf die Her-
296		ausforderung ändern und auch so ein bisschen Sicherheit geben. Ob das jetzt mangelhaft,
297		ist, weiß ich, um ehrlich zu sein nicht (...) da ist aufjedenfall Luft nach oben.
298	I:	Der Wunsch bei dir ist aufjedenfall nach der Pflichtverankerung
299	B1:	Ja genau aufjedenfall! Das würde ich safe rein machen.
300		„Heterogenität wird als problematisch wahrgenommen", ich denke es wird nicht als prob-
301		lematisch wahrgenommen ich glaube das sind so diese Unsicherheiten, die ich vorhin
302		meinte Ich denke es wird nicht nur als Herausforderung, sondern ich denke es ist ein
303		Thema was mit Unsicherheiten behaftet ist. Die Unsicherheiten können ja einem auch nur
304		genommen werden, wenn indem man zum Beispiel die wissenschaftlichen Kompetenzen
305		dazu ausbaut.
306	I:	Möchtest du dich noch zu etwas äußern?
307	B1:	Nein, ich denke ich habe zu viel geredet (lacht).
308	I:	Dann möchte ich mich nochmal herzlich bedanken für deine Teilnahme XX, für die um-
309		fangreichen Antworten und deine Zeit.
310	B1:	Ach bitte, bitte nicht dafür!

Interview 2 – HRSGe Lehramtsanwärterin, Englisch und Sozialwissenschaft

1	I:	Hallo XX. Dankeschön, dass du dich dazu bereit erklärt hast bei meinem Leitfadeninter-
2		view mitzumachen. Das Leitfadeninterview dient meiner Bachelorarbeit mit dem Thema
3		wie werden angehende Lehrerinnen und Lehrer auf die kulturelle Heterogenität des
4		Schulalltags vorbereitet von Seiten der Uni aus und welche Einstellung haben sie diesbe-
5		züglich. Zunächst einmal würden wir anfangen mit dem Leitfadeninterview und dann mit
6		den Positionskärtchen. Mit deinen Daten wir natürlich absolut anonym umgegangen und
7		du kannst natürlich ganz offen mit mir reden da es anonym abläuft. Sprich offen mit mir.

| 8 | B2: | Alles klar. Hi erstmal (lacht). |
| 9 | I: | Hi erstmal (lacht). Also XX, was bedeutet kulturelle Heterogenität in der Schule für dich? |

10	B2:	Also Heterogenität im Allgemeinen ist ja dieses vielseitige, dieses ja dieses vielseitige,
11		dass man anders ist, dass jeder Schüler jede Schülerin anders ist und kulturell gesehen ist
12		es einfach nur dass man eine kulturelle Vielfalt in der Klasse hat. Das kann zum Beispiel
13		eine Ethnie sein, das kann ja alles Mögliche sein, also Traditionen, Normen mit denen
14		man aufgewachsen ist, alles was die Schüler und Schülerinnen in den Unterricht einbrin-
15		gen ist eben Heterogenität.

| 16 | I: | Okay, danke sehr. Durch all das was du eben aufgezählt hast, welche Anforderungen er- |
| 17 | | geben sich dadurch für dich als Lehrerin? |

18	B2:	Flexibilität also ich als Lehrerin, die vor einer heterogenen Klasse steht, muss flexibel
19		sein und auch offen sein sich auf alles einzulassen was jeder einzelne Schüler oder jede
20		einzelne Schülerin in den Unterricht miteinbringt. Also da muss man aufjedenfall keine
21		Vorurteile besitzen, die sind zwar verankert in einem Menschen aber am besten versuchen
22		das auszuschalten, wenn man in den Klassenraum reingeht und dann einfach nur flexibel
23		und offen sein.

24	I:	Ja, du hast jetzt vor allem Flexibilität und Offenheit angesprochen was zu den Anforde-
25		rungen gehört, bedeutet denn für dich kulturelle Heterogenität für dich mehr Bereiche-
26		rung oder mehr Herausforderung?

27	B2:	Es ist beides, es ist natürlich beides, weil ich als Lehrerin mit einem Migrationshinter-
28		grund bringe ja auch Heterogenität in den Klassenraum. Es ist ja nicht nur etwas was von
29		den Seiten der Schüler kommt, ich bin das ja auch ich bin da ja auch mit drin. Und das
30		heißt dann für mich ich muss in der Lage sein meine Werte runterzustellen und nicht die
31		eben über die der Schüler zu stellen, damit sich halt jeder in meinem Klassenraum will-
32		kommen fühlt. Es ist eine Herausforderung, die für mich eine Bereicherung sein kann,
33		aber auch ja (…) was war das andere Wort? (lacht)

| 34 | I: | (lacht) Das war Bereicherung und Herausforderung, das waren die beiden. |

| 35 | B2: | Eine Herausforderung wie auch eine Bereicherung sein kann, Punkt. (lacht) |

36	I:	Ja, verständlich. Deine Wissensquellen über kulturelle Heterogenität beziehst du die aus
37		den Lehrveranstaltungen aus der Universität und wenn ja welche Lehrveranstaltungen
38		waren das?

39	B2:	Ja und Nein. Also ich kann aufgrund der Lehrveranstaltungen Heterogenität definieren,
40		ich weiß welche Arten es gibt, ich kenne Fallbeispiele davon und ich kenne auch be-
41		stimmte Theorien aber wie ich damit *umgehe* das lerne ich nicht. Das habe ich entweder

42	in mir oder ich habe es nicht in mir. Aber ich weiß nur was also was ein Schüler mit in
43	den Unterricht reinbringt, was eine Art Heterogenität das ist aber mir wird nicht gesagt
44	damit muss man so und so umgehen und man darf das und das nicht machen das ist etwas
45	das entscheidet jeder Mensch für sich und vom Bauchgefühl heraus und da kann es auch
46	schon sein, dass man in das Fettnäpfchen reintritt und dann ist halt die Kunst einer Leh-
47	rerin zu sagen wie komme ich da wieder raus ohne jemanden in seinen Normen und Wer-
48	ten zu verletzen. Ohne dabei jemanden zu verstellen oder ohne dabei sich selbst zu ver-
49	stellen das ist etwas das ist auch eine Anforderung, die man mitbringen muss mit in die
50	Flexibilität das was damit hineinfließt. Ich habe zum Beispiel jetzt ein Seminar das heißt
51	Professioneller Umgang mit Heterogenität im Unterricht und das ist teils schon etwas also
52	ich erhoffe mir daraus dadurch, dass ich die Theorien lese verstehe was da eigentlich
53	passiert mit mir oder mit meinen Schülern und das ich dementsprechend damit professi-
54	onell umgehen kann aber es ist kein Leitfaden wie professioneller Umgang mit Dummies
55	das ist das nicht das muss man schon selber mitbringen und das muss man sich in sich
56	tragen.

57	I:	Du hast ja jetzt schon Inhalte aus deinen Lehrveranstaltungen erwähnt und eine Lehrver-
58		anstaltung explizit erwähnt, beziehst du denn Wissensquellen über kulturelle Heteroge-
59		nität auch aus der *privaten* Auseinandersetzung, wie zum Beispiel deinem Nebenjob, per-
60		sönlichen Erfahrungen, generell die private Auseinandersetzung?

61	B2:	Ja, also eigentlich beziehe ich meine Erfahrungen *nur* aus privaten Erlebnissen das ist es
62		ja. Das ist auch genau der Grund warum das Thema so interessant für mich ist und warum
63		ich eben solche Seminare wähle. Eine Theorie definieren zu können heißt nicht das ich
64		mit dieser Theorie im Alltag umgehen kann. Ich weiß halt nur was da drin steht, aber
65		kann ich ja lesen aber kann ich auch das Gelesene auch umsetzen das ist ja eine komplett
66		andere Sache oder das ist etwas das lernt man, das lernt man mit dem Alltag durch den
67		Alltag. Also sei es jetzt eine Toleranz, die man von einem anderen entgegen bekommt
68		oder auch eine Intoleranz oder wenn man akzeptiert wird oder nicht akzeptiert wird. Alles
69		Sachen die prägen einen Menschen und das fließt in einen Menschen mit ein und dadurch
70		lernt man ja auch und das Leben ist eigentlich ein ganz langer großer Unterricht. Da lernt
71		man immer und auch in der Hinsicht dann.

72	I:	Ja, ja Dankeschön. Würdest du sagen, dass du im Laufe deines Studiums Kompetenzen
73		und Methoden zur Miteinbeziehung kulturell heterogener Schülergruppen erwerben
74		konntest?

| 75 | B2: | (…) Also im Laufe meines Studiums habe ich Methoden kennengelernt ja. |

| 76 | I: | Welche waren das so? |

77	B2:	Ja hauptsächlich Unterrichtsmethoden also vor allem bei der Unterrichtsvorbereitung,

77 B2: Ja hauptsächlich Unterrichtsmethoden also vor allem bei der Unterrichtsvorbereitung,
78 welche Materialien wähle ich aus damit es eben auch differenziert ist man muss ja auch
79 für Heterogenität differenzieren können. Aber bei kultureller Heterogenität, du fragst ja
80 speziell nach einer Art der Heterogenität da habe ich das nicht wirklich das ist ja etwas
81 das kann ich an Beispielen wie zum Beispiel wenn ich ein Beispiel nehme wo kein Tim
82 oder keine Marie erwähnt wird sondern eine Ayse oder ein Hassan irgendwie (lacht)
83 wieso etwas das ist dann kulturelle Heterogenität die ich dann in meinen Unterrichtsma-
84 terial miteinfließen lasse aber Methoden zum richtigen Umgang, wie ich mich präsentie-
85 ren muss oder wie ich mich verhalten muss, das habe ich nicht gelernt muss ich ehrlich
86 sagen.

87 I: Das darfst du ja auch sagen, das ist deine subjektive Erfahrung. Dann wäre die letzte
88 Frage; traust du dir denn einen kompetenten Umgang mit kulturell heterogenen Schüler-
89 gruppen zu?

90 B2: Ja, sonst würde ich das Studium ja nicht fortsetzen. Wenn ich Angst davor hätte vor einer
91 kulturell heterogenen Schülergruppe zu stellen, dann müsste ich auch ein Stück weit
92 Angst vor mir selbst haben, weil ich ja auch heterogen bin, in dieser Gruppe bin, ich bin
93 ja auch Teil dieser Gruppe. Ich bin da total selbstbewusst was das angeht.

94 I: Ja, das ist auch wirklich schön und wichtig. Dann war es das mit den Leitfadenfragen und
95 dann würde ich dir per WhatsApp die Bilder schicken zu den Positionskärtchen wo du
96 die frei wählen kannst wozu du etwas sagen möchtest.

97 B2: Alles klar.

98 I: Lies es dir bitte in Ruhe durch und nimm dir so viel Zeit wie du möchtest und dann kannst
99 du dich ja nach Belieben zu dem äußern was du möchtest.

100 B2: Ja, okay. Also ich such mir mal eins raus erstmal und dann besprechen wir das.

101 I: Ja natürlich.

102 B2: Also ich nehme mal direkt das erste „Heterogenität unter der Schülerschaft ist Normal-
103 fall".

104 Ja ist es. Also ich gebe dabei auch nicht speziell auf eine Art der Heterogenität ein, Hete-
105 rogenität im Allgemeinen ist immer da in jeder Gruppe und das feiere ich auch, das ist
106 etwas was ich respektiere und ich find es gut, ich find es gut dass man auch Außenein-
107 flüsse hat die nicht so sind die man normalerweise Zuhause erleben würde und das gefällt
108 mir das fängt zum Beispiel im Kindergarten schon an für die Kinder. Es fängt auch auf
109 der Straße an, wenn man auf der Straße spielt, solange es nicht der Bruder, mit dem man
110 die ganze spielt, hat man auch heterogene Außeneinflüsse, wobei auch bei Geschwistern,

111		auch bei Geschwistern herrscht Heterogenität. Also das ist der erste Punkt dem stimme
112		ich total zu, das finde ich auch super, dass man das so definiert hat.
113		Dann hatte ich noch eins „Kulturell heterogenen Schülergruppen mangelt es an elterlicher
114		Unterstützung" (…) Also das kann man nicht verallgemeinern, das ist eine Aussage die
115		lässt sich nicht verallgemeinern, es lässt sich vielleicht eine Zahl daraus ziehen von Stu-
116		dien das man sagt so und so viel Prozent ist es halt aber ich meine ich habe ja auch
117		kulturelle Heterogenität mit in meinen Klassenraum damals gebracht und ich bin sehr
118		dankbar dafür dass ich die Unterstützung meiner Eltern erleben durfte ich kann es aber
119		nicht behaupten dass es bei jedem so war und das hat aber auch nichts mit der Kultur oder
120		so zu tun, es hat einfach nur dann was mit eben den Eltern zu tun oder es hat andere
121		Gründe aber ich würde nicht aufgrund der kulturellen Heterogenität oder aufgrund der
122		Kultur ist das das Problem das die Eltern das nicht machen können. Das würde ich so
123		nicht behaupten.
124	I:	Hast du es im Freundeskreis erlebt, wenn kulturell heterogene Familien in der Schule
125		beispielsweise nicht so erfolgreich waren oder hast du es in einem Praktikum gesehen
126		oder in einem Nebenjob? Wo hast du das gesehen?
127	B2:	Das hat man überall gesehen. Das sieht man überall. Also wie gesagt ich würde jetzt nicht
128		die Aussage bestätigen, dass es an der Kultur liegt oder an der Erziehung liegt, ich würde
129		einfach sagen, Eltern sind ja auch nur Menschen mit ihren eigenen Problemen oftmals ist
130		es auch wirklich auch wenn Eltern sich trennen das nimmt das Kind dann auch mit und
131		das hat dann aber nicht mit der Kultur zu tun, es hat dann aber auch nichts mit dem Kind
132		zu tun oder mit den Eltern, Es ist einfach nur ein Problem in der Familie und das versucht
133		man zu lösen und der Weg zur Lösung ist halt auch nicht immer einfach, das zerrt an
134		Nerven von jedem Familienmitglied da ist die Kultur egal das kann in jeder Familie der
135		Fall sein, das ist einfach nur ein Beispiel.
136	I:	Ja, Okay, gibt es noch weitere Positionskärtchen, zu denen du dich äußern möchtest?
137	B2:	Ja Moment. „Lehrerinne und Lehrer neigen dazu heterogene Schülergruppen zu homoge-
138		nisieren, da eine individuelle Betrachtung der Schülerinnen und Schüler kaum möglich
139		ist. (…) es gibt natürlich Tage, an den eine Lehrerin oder ein Lehrer möchte, dass die
140		Gruppe dann einfach nur homogen ist und dass man dann einfach schnell mit dem Stoff
141		durchkommt, das würde ich aber nicht verallgemeinern. Ich würde schon sagen, dass
142		wenn dann Lehrerinnen und Lehrer zuhause sind und bei zuhause sind bei sich privat sind
143		die schalten dass dann wahrscheinlich auch nicht immer ab was da im Schulalltag passiert
144		ist, das zerrt ja auch an den Nerven und da denkt man sich auch dem Schüler dem gings
145		heute nicht gut mal gucken wie der sich morgen fühlt, oder ach der Schüler der hat Prob-
146		leme oder die Schülerin das ist ja so. Ich glaube schon, dass die Schülergruppen

147		individuell betrachtete wird, wenn es denn gefordert ist, aber versuchen *bewusst* diese
148		Gruppe zu homogenisieren das glaube ich nicht. Also ich in meiner Position als ange-
149		hende Lehrerin würde das so nicht unterschreiben.

150 I: Ja, das kann ich auch verstehen. Die Aussagen sind ausgewählt aus der Literatur, mit der
151 ich mich beschäftigen und auch absichtlich provokant gewählt, um euch dazu zu animie-
152 ren zu sprechen und wenn ihr in euren subjektiven Wahrnehmungen, dass es nicht so ist,
153 dann ist es absolut in Ordnung.

154 B2: Ja also es gibt ja auch viele Sachen, denen ich zustimme, ich kann da auch ein Beispiel
155 nennen, das ist zum Beispieleben das erste das Heterogenität Normalfall ist oder ah hatten
156 wir diese Heterogenität wird grundsätzlich von Lehrerinnen und Lehrer als problematisch
157 wahrgenommen, hatten wir das schon besprochen?

158 I: Ne hatten wir nicht.

159 B2: Klingt interessant können wir machen (lacht).

160 I: Kannst du machen (lacht).

161 B2: Ja, dann mach ich das jetzt mal. Nein ich glaube nicht, dass es problematisch gesehen
162 wird. Ich glaube eher man ist dankbar dafür, dass man so viel Vielfalt in einem Raum
163 herrscht, weil dann jeder einen anderen Beitrag leisten kann und ich glaube das ist der
164 Lehrpersonal lieber als wenn man eine homogene Klasse vor sich hätte die dann zu allem
165 Ja und Amen sagt was der Lehrer zu berichten hat, also ich sag es jetzt mal so beim Essen
166 isst man ach nicht nur ein Gericht ohne Salz und Pfeffer da würzt man ja auch nochmal
167 nach die Heterogenität ist einfach die Würze im Gericht.

168 I: Schön gesagt, schöne Metapher. Ja, das ist auch eine wirklich sehr schöne Einstellung zu
169 hören, da fängt man an daran zu glauben, dass solche Lehrerinnen und Lehrer mit denen
170 ich jetzt gesprochen habe, die Schullandschaft positiv verändern können.

171 B2: Ja.

172 I: Gibt es da noch eine Aussage oder nichts mehr?

173 B2: Ne, ich glaube das war es, den Rest würde ich, das sind ja alles so Sachen, die haben wir
174 ja mitbesprochen.

175 I: Genau, genau.

176 B2: Nebenbei noch miteingeflossen in der Unterhaltung.

177 I: Dann Dankeschön XX für deine Teilnahme. Vielen Dank für deine Kooperation.

178 B2: Bitte.

11.4 Positionskärtchen

1. Heterogenität der Schülerschaft ist Normalfall an der Schule.

2. Die Lehrveranstaltungen an der UzK behandeln das Thema Heterogenität mangelhaft.

3. Lehrerinnen und Lehrer können die Chancengleichheit im Bildungssystem fördern.

4. Das Lehramtsstudium an der UzK hat mich bisher bestens auf den schulischen Alltag mit Kindern mit Migrationshintergrund vorbereitet.

5. Lehrerinnen und Lehrer neigen dazu heterogene Gruppen zu homogenisieren, da eine individuelle Betrachtung der Schülerinnen und Schüler kaum möglich ist.

6. Kulturell heterogenen Schülergruppen mangelt es an elterlicher Unterstützung.

7. Lehrerinnen und Lehrer benötigen spezifisches Wissen und Kompetenzen zum Abbau bestehender Chancenungleichheit.

8. Ich traue mir einen kompetenten Umgang mit kulturell heterogenen Schülergruppen zu.

9. Kinder mit Migrationshintergrund fehlt es an emotionalen Rückhalt und angemessener Förderung der kognitiven Entwicklung in der Familie.

10. Es ist die Aufgabe der Schule allen Schülerinnen und Schülern den bestmöglichen Bildungserfolg zu ermöglichen.

11. Heterogenität wird grundsätzlich von Lehrerinnen und Lehrer als problematisch wahrgenommen.

12. Ich traue mir den Umgang mit kulturell heterogenen Schülergruppen nicht zu und fühle mich überfordert.

CPSIA information can be obtained
at www.ICGtesting.com
Printed in the USA
LVHW092150080721
691973LV00009B/562